슈퍼스타
구구씨의
그림한자쇼!

내 친구 한자툰❶ 우리 몸

슈퍼스타 구구 씨의 그림 한자 쑈

초판 1쇄 발행 2013년 8월 22일 | **초판 7쇄 발행** 2023년 3월 1일
글 버리 강(綱) | **이야기 그림** 김윤정 | **감수** 임완혁
펴낸이 김경택 | **편집책임** 최영선 | **편집** 정현수
디자인책임 차승미 | **디자인** 윤미수 이혜진 박은영
제작 박천복 김태근 고형서 | **마케팅** 윤병일 유현우 송시은 | **홍보디자인** 최진주
펴낸곳 (주)그레이트북스 | **등록** 2003년 9월 19일 제 313-2003-000311호
주소 서울시 구로구 디지털로31길 20 에이스테크노타워5차 12층
대표번호 (02) 6711-8673 | **홈페이지** www.greatbooks.co.kr

ISBN 987-89-271-7543-8 ISBN 978-89-271-7542-1(세트)

글 버리 강(編) | 이야기 그림 김윤정 | 감수 임완혁(영남대 한문교육과 교수)

그레이트 BOOKS

자유로운 상상의 나래를 펼치며
한자, 그 너머를 배우다!

누구나 한자를 배워야 한다는 데 공감하지만 막상 제대로 익히는 일은 쉽지 않습니다. 그런 면에서 〈내 친구 한자툰〉은 아이들의 눈높이에 맞춘 신선한 접근으로 눈길을 끕니다.

유쾌함과 즐거움이 넘칩니다. 재치 있는 소재, 화면 가득한 그림, 참신한 구성으로 엮인 한자의 파노라마가 흥미진진하게 펼쳐집니다.
자연스럽게 한자를 익힐 수 있습니다. 그림에서 출발한 한자의 특징과 기억이 용이한 그림의 장점을 결합하여 한자를 그냥 외우는 것이 아니라 제대로 알고 익히게 해 줍니다.
효율적이고 바람직한 한자 학습의 예를 보여 줍니다. 한자의 구성 요소인 모양, 소리, 뜻을 종합적으로 이해하고 자연스럽게 습득하도록 했습니다. 나아가 일상생활에서 쓰이는 한자의 예를 덧붙여 언어로서의 활용도를 높였습니다.

더불어 문화적 감수성과 개방된 사고, 인문적 사유를 키우면서 한자 학습을 즐길 수 있도록 배려한 점이 돋보입니다. 〈내 친구 한자툰〉은 학습 부담을 최소화하면서도 자연스러운 학습 과정을 통해 한자의 세계를 열어 줍니다. 이 책을 통해 아이들이 한자는 물론 그 이상의 가치를 배우길 기대합니다.

영남대학교 한문교육과 교수 임완혁

이미지 리마인드 시스템

Image Re-Mind System

한자를 보면 그림이 바로 떠오르는
새로운 한자 학습법입니다. 한자를 그림으로
떠올리면 한자의 뜻은 저절로 따라옵니다.

3단계

問答(문답)

한자어로 응용

한자가 들어가는 어휘를
그림으로 익힙니다.

1단계

口
(입 구)

어미자로 출발

간단한 한자가 어떤 사물의
모양을 본떠 만들어졌는지
그림으로 알아봅니다.

2단계

問
(물을 문)

가족자로 확장

간단한 한자에 다른 글자가
더해져 복잡해진 한자도
그림으로 쉽게 이해합니다.

내친구 한자툰이 특별한 5가지 이유

01 간단한 한자 1개로 복잡한 한자 10개를 잡아요

처음에 한자는 耳(귀 이)처럼 사물의 모양을 본뜬 간단한 글자(어미자)부터 만들어졌어요. 그 뒤 간단한 글자(어미자)에 다른 글자를 더해 새로운 뜻의 복잡한 글자(가족자)들이 생겨났어요. 귀를 본떠 만든 耳(귀 이)에 석경(声)과 치다(殳)가 더해지면 聲(소리 성)이 되지요. 〈내 친구 한자툰〉은 한자가 만들어지는 이 같은 원리를 통해 耳(귀 이)처럼 간단한 한자 1개로 聲(소리 성)처럼 복잡한 한자 10개를 익히는 쉬운 방법을 알려 줘요.

02 한자를 그림으로 기억해요

聲(소리 성) 자를 익힐 때 우리는 보통 '聲'이란 모양, '소리'란 뜻, '성'이란 소리를 따로 외워 왔어요. 하지만 聲(소리 성)을 보고, 석경을 치고 귀를 기울이는 장면을 떠올릴 수 있다면 어렵지 않게 한자의 모양과 뜻을 알 수 있어요. 〈내 친구 한자툰〉은 한자 자체를 한 편의 그림으로 풀어서 한자의 뜻과 모양을 종합적으로 이해하며 기억할 수 있게 했어요.

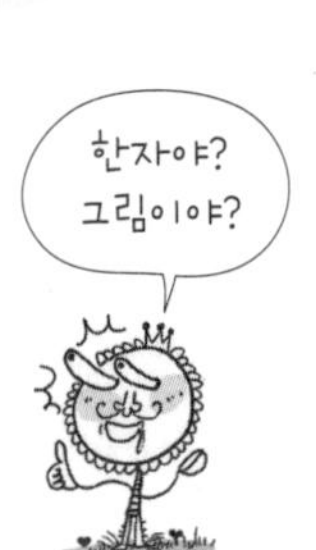

03 어휘력이 풍부해져요

우리말의 70%는 한자어! 특히 사회, 과학 등의 교과서에 나오는 학습어 대부분이 한자어예요. 그래서 한자를 아는 아이들과 모르는 아이들은 교과 이해도에서 크게 차이가 나지요. 〈내 친구 한자툰〉은 한자를 익히는 데서 끝나지 않고, 어휘와 연결해 실제로 활용할 수 있게 도와줘요.

04 옛사람들의 생활이 보여요

한자에는 옛사람들의 삶과 문화가 배어 있어요. 옛날에는 적의 귀를 많이 베어 온 장수에게 상을 내렸어요. 이런 문화 속에서 나온 글자가 取(가질 취) 자예요. 당시 문화를 모르면 '取'가 어쩌다 '가지다'란 뜻으로 쓰이는지 이해할 수 없지요. 〈내 친구 한자툰〉은 옛사람들의 생활 속에서 한자를 깊이 있게 이해할 수 있게 해 줘요.

05 웃다 보면 저절로 한자 공부가 돼요

〈내 친구 한자툰〉은 재미있어요. 슈퍼스타 구구 씨, 팔랑귀 쏭쏭이 등 엉뚱한 한자 친구들을 만나며 깔깔 웃다 보면 어느새 한자가 쏙쏙, 저절로 기억될 거예요.

차례

쇼 타임☆
땡 땡 땡...

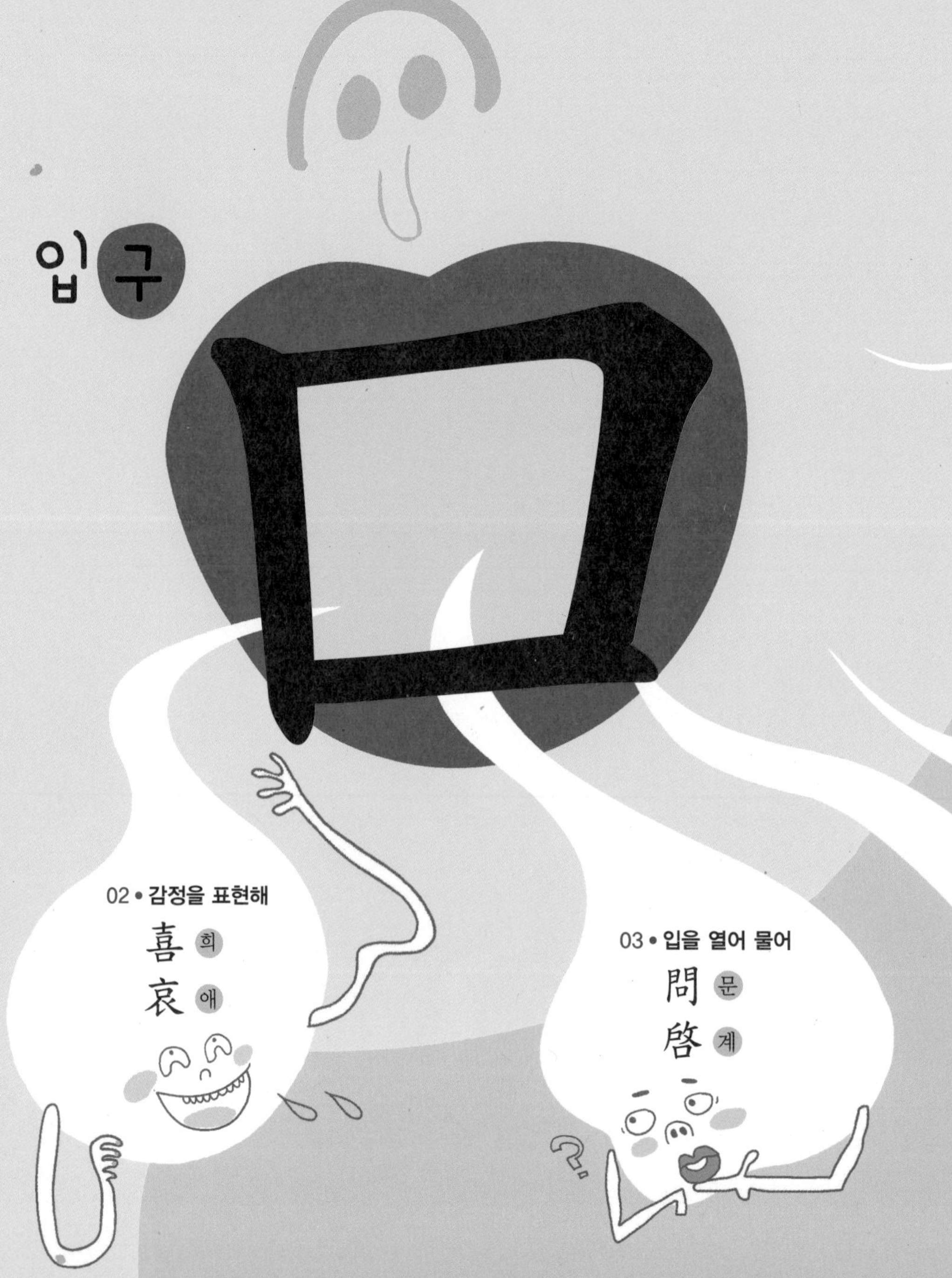
입 구
口
02 • 감정을 표현해
喜 희
哀 애
03 • 입을 열어 물어
問 문
啓 계

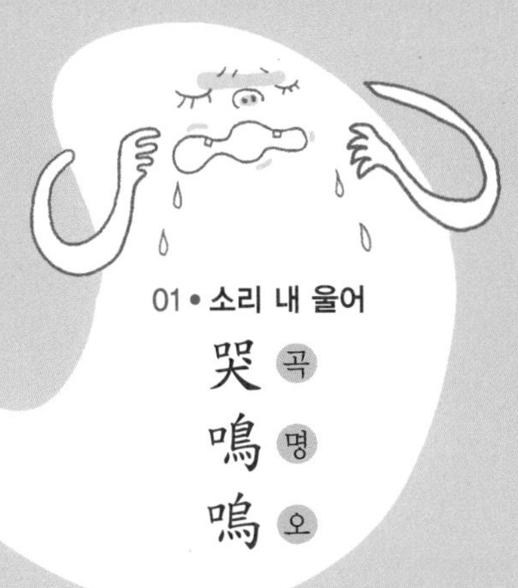

입아 입아, 뭐하니?

입을 뜻하는 글자, 口(입 구)는
벌린 입 모양을 본떠 만들었어.

입을 벌려야 먹고 숨 쉬고 말도 할 수 있지.
그래서 口(입 구) 자가 들어 있는
글자들은 입이 하는 일과 관련이 많아.

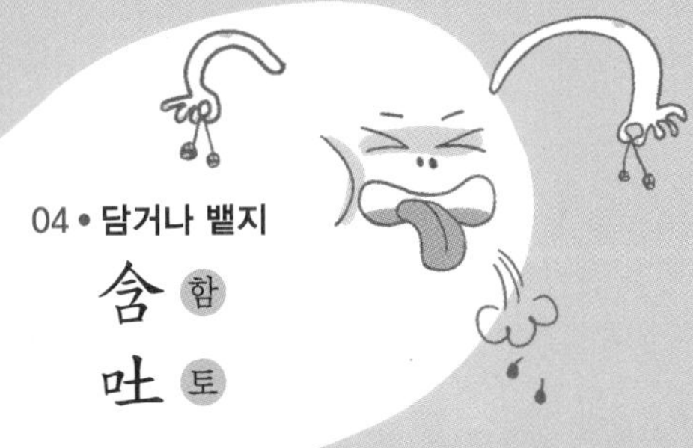

우는 소리도 가지가지

우는 소리를 들어 봐. 개가 우는 소리, 새가 우는 소리…. 다 다르지?
그래서 '울다'를 뜻하는 글자도 여러 개야. 하지만 어떻게 울든
우는 소리를 뜻하는 글자에는 소리를 내는 입, 口(입 구) 자가 들어 있어.

● 개가 크게 소리 내 우니

울 곡

哭

입×2

개

밥 달라고 우는 게 아니야. 그냥~ 우는 거야.

왕 왕 왕 왕

무슨 일이야? 왕

깽 깽 컹 크엉~

친구가 운다 따라 울자!

헐~

조용! 귀 아파

너무 시끄러워.

• 새가 지저귀니
울 명
鳴
입
새
삐르 삐르 쪼르릉~
맑은 소리에 몸이 붕~
맑게 울리는 새 소리.
너무 좋아♡ 귀에서 꽃이 피네~
• 까마귀 울음은 흐느끼는 것 같으니
흐느껴 울 오
鳴
입
까마귀
까-악 까-악
난 웃을 때도 이런 소리야
서럽게 흐느끼는 것 같아.
나도 오열 중.
뚝
꺼이~ 꺼이
난 듣기 싫다!

귀곡(鬼哭) 산장의 심야 식당

• **귀곡** (鬼 귀신 귀 + 哭 울 곡)
사람의 죽은 넋이 밤에 우는 소리.

• **곡**(哭 울 곡)**하다** 제사나 장례를 지낼 때에
여럿이 소리를 내며 크게 울다.

띠리리리링
자명종(自鳴鐘)의 운명은?

오늘 밤에
스스로 우는 북,
자명고를
찢어 주시오.

밤?
듣기만 해도
졸려~

탁

이런…!

커피

내 이야기?
귀 쫑긋!

하지만 소녀,
한번 잠들면
일어나지 못합니다.

나를 위해
해줘잉~

짜잔~ 나는야 스스로 우는
☆ 자명종 ☆

끙!

그래서 준비했소

자명종이 너냐?

자명고

안 돼!

뎅 뎅

뎅뎅 뎅 뎅

Zzz

음냐 움냐~
업어 가도 난몰라

• **자명종** (自 스스로 자 + 鳴 울 명 + 鐘 쇠북 종) 정해 놓은 시각에 저절로 울리는 시계.
• **공명** (共 함께 공 + 鳴 울 명) 함께 울림.

기뻐서 웃는 입, 슬퍼서 우는 입

기쁘면 입꼬리가 올라가고 저절로 웃음이 나지?
슬플 때는 일그러진 입 사이로 울음이 터져 나와.
그래서 기쁨과 슬픔을 뜻하는 글자에도 口(입 구) 자가 쏙!

우유빛 깔구구
일등을 축하해요!
까약
기쁘겠다
녹음 시작!
꺄악-

● 차려진 음식 앞에서 웃으니

기쁠 희

喜

음식+그릇

입

REMINS CAKE

하 하 하

함께 먹으며 기쁨을 나누어요.

● 옷으로 울음을 감추니

슬플 애

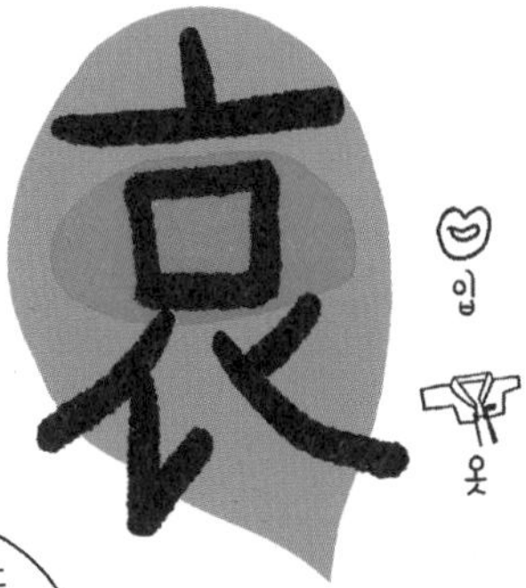

哀

입

옷

구구 오빠
힘내용~

슬퍼도
울지 말자.
울면 지는 거다.

가장 못생긴 스타
1 구구★
2 마이꼴
3 불러킹

희극(喜劇) 배우, 구구 씨의 웃긴 이야기

피식 피식

작년에 왔던 각설이 오징어 되어 또 왔네~ 두푼 줍쇼.

웃어야 복이 오징~ 오징어~ 베베

꼬물락

웃자 웃자

꿈틀

배꼽 도망!

우하하핫

정말 웃긴 연극이야.

역시 희극은 구구 씨가 딱이야.

하하하

- **희극** (喜 기쁠 희 + 劇 연극 극) 관객에게 웃음과 재미의 기쁨을 주는 연극.
- **희로애락** (喜 기쁠 희 + 怒 성낼 노 + 哀 슬플 애 + 樂 즐거울 락) 기쁨, 노여움, 슬픔, 즐거움 등의 감정을 아울러 이르는 말.

- **애통** (哀 슬플 애 + 痛 아플 통) 슬퍼하고 가슴 아파함.
- **비애** (悲 슬플 비 + 哀 슬플 애) 슬프고 서러움.

궁금하면 물어봐!

모르는 게 있으면 어떻게 할까? 컴퓨터는커녕 책도 없던 옛날에는 입을 열어 직접 물어볼 수밖에. 그래서 묻거나 알려 준다는 뜻의 글자에 口(입 구) 자가 들어 있는 거야.

중국에는 짬뽕 없고 딴딴면 있다해.

● 문을 열고 알려 주니

일깨울 계

啓

외짝 문

막대+손 (잡다)

입

이제 깨달았어. 중국에는 짬뽕이 없다!

슈퍼스타 구구 씨의 문답(問答) 쇼

슈퍼스타 구구 씨와 함께하는 문답 시간이 돌아왔습니다.

뭐든 물어보세요. 속 시원히 답해 드리지요.

100문 100답

나는 슈퍼스타☆

그럼 묻겠습니다.
1. 나이는 몇 살?
2. 좋아하는 음식은?
3. 취미는?
...

쫑알 쫑알 쫑알

문답이라며? 대체 왜 질문만 하는 거야.

끙

100문 100답

나는 슈퍼스타☆

- **문답** (問 물을 문 + 答 대답 답) 서로 묻고 대답하는 것.
- **질문** (質 물을 질 + 問 물을 문) 모르거나 의심나는 점을 물음.
- **문의** (問 물을 문 + 議 의논할 의) 어떤 일을 묻고 의논하는 것.

- **계발** (啓 일깨울 계 + 發 필 발)
  사람의 능력이나 소질, 정신을 일깨워 발전시키는 것.
- **계몽** (啓 일깨울 계 + 蒙 어리석을 몽) 어리석은 사람을 일깨워 줌.

마이꼴의 신통방통 호흡 강좌

吸
마실 흡

배가 빵빵해지도록
숨을 가득
들이마셔.
빵
빵

쓰
흡

으아...
뽑힐것
같아

흡입 내공이
장난 아닌데

입에 담을래? 뱉을래?

입을 벌려 봐. 둥근 입안은 그릇 같기도 하고 구멍 같기도 해.
무언가를 담을 수도 있고 밖으로 뱉을 수도 있지.
그 모양을 본뜬 글자가 含(머금을 함)과 吐(토할 토)!

● 땅에서 풀이 나듯 입에서 나오면

토할 토

입

땅

파박 파박

웩 --

후두둑~

나왔다.

나도 **포함**(包含)해 줘

- **포함** (包 쌀 포 + 含 머금을 함) 어떤 대상이 정해진 테두리 안에 들어가도록 넣는 것.
- **함량** (含 머금을 함 + 量 양 량) 포함된 어떤 성분의 양.

토함산(吐含山)의 비밀

• **토함산** (吐 토할 토 + 含 머금을 함 + 山 뫼 산) 경주의 산. 바다가 옆에 있어서 안개가 많이 끼는데, 그 모습이 산이 안개를 토하고 머금는 것 같다 하여 토함산이라 불림.

어디야?
저쪽이닷!
비틀
비틀

눈을 뜨고
봐야지, 친구!
으악~ 안 보여

눈 뜨고 나를 따라와~
팔로미~
팔로미~

눈을 보고 눈으로 보고

目(눈 목) 자는 눈 모양을 본떠 만들었어.

길쭉한 흰자위에 둥근 눈동자까지 그린 다음, 쓰기 편하게 세로로 세운 모양이지. 눈을 본떠 만들었으니 당연히 '눈'을 뜻하고, 눈으로 보는 일과 관련된 글자에 두루 들어 있어.

目 눈 목

04 • 전쟁터의 눈

冒 모
盾 순

눈부터 보이지?

거울을 봐. 가장 먼저 네 눈이 보일 거야. 하지만 금세 눈썹이며 얼굴이 다 눈에 들어오지. 글자를 만든 방법도 비슷해. 눈에 털과 선을 더해 눈썹과 얼굴을 뜻하는 글자를 만들었어.

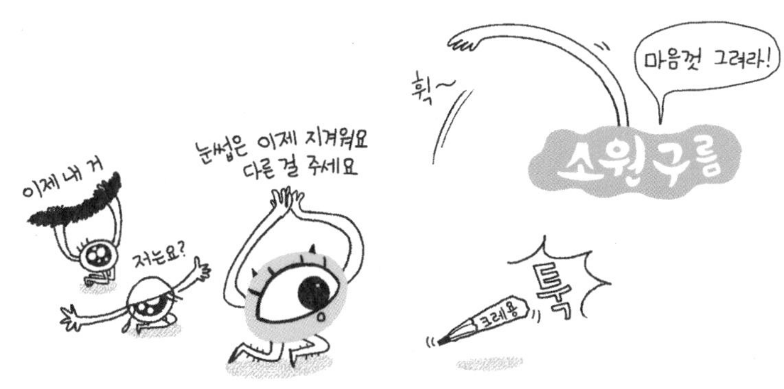

● 눈에 얼굴선과 머리털을 더해

얼굴 면

面

머리털

얼굴선

눈

각진 얼굴선,
풍성한 머리털. 변신 끝!

넌가!

악-너무
잘 생겼네!

흑

백미(白眉)를 찾아라!

아이돌 명단	특이 사항
구구 씨	그냥 웃김.
척척 군	웃기고, 종이접기 잘함.
조잘 양	웃기고, 종이접기 잘하고, 말재주가 뛰어남.
	세상 모든 걸 다 잘함. 태어날 때부터 천재.

- **백미** (白 흰 백 + 眉 눈썹 미) 흰 눈썹. 여럿 가운데 가장 뛰어난 사람이나 물건을 가리킴.
- **미간** (眉 눈썹 미 + 間 사이 간) 두 눈썹 사이.

엄마의 특별 가면(假面), 촉촉팩

• **가면** (假 거짓 가 + 面 얼굴 면) 얼굴을 감추거나 달리 꾸미기 위해 얼굴에 쓰는 물건.

잘 보려면 몸을 써

눈으로 본다고 다 똑같이 보이는 건 아니야. 잘 안 보이는 것도 있지. 그럴 때는 동작을 더해 봐. 눈 위에 손을 얹고 살피면 더 자세히 보이고, 까치발을 들면 더 멀리 볼 수도 있어.

● 눈 위에 손을 얹고 자세히 보면

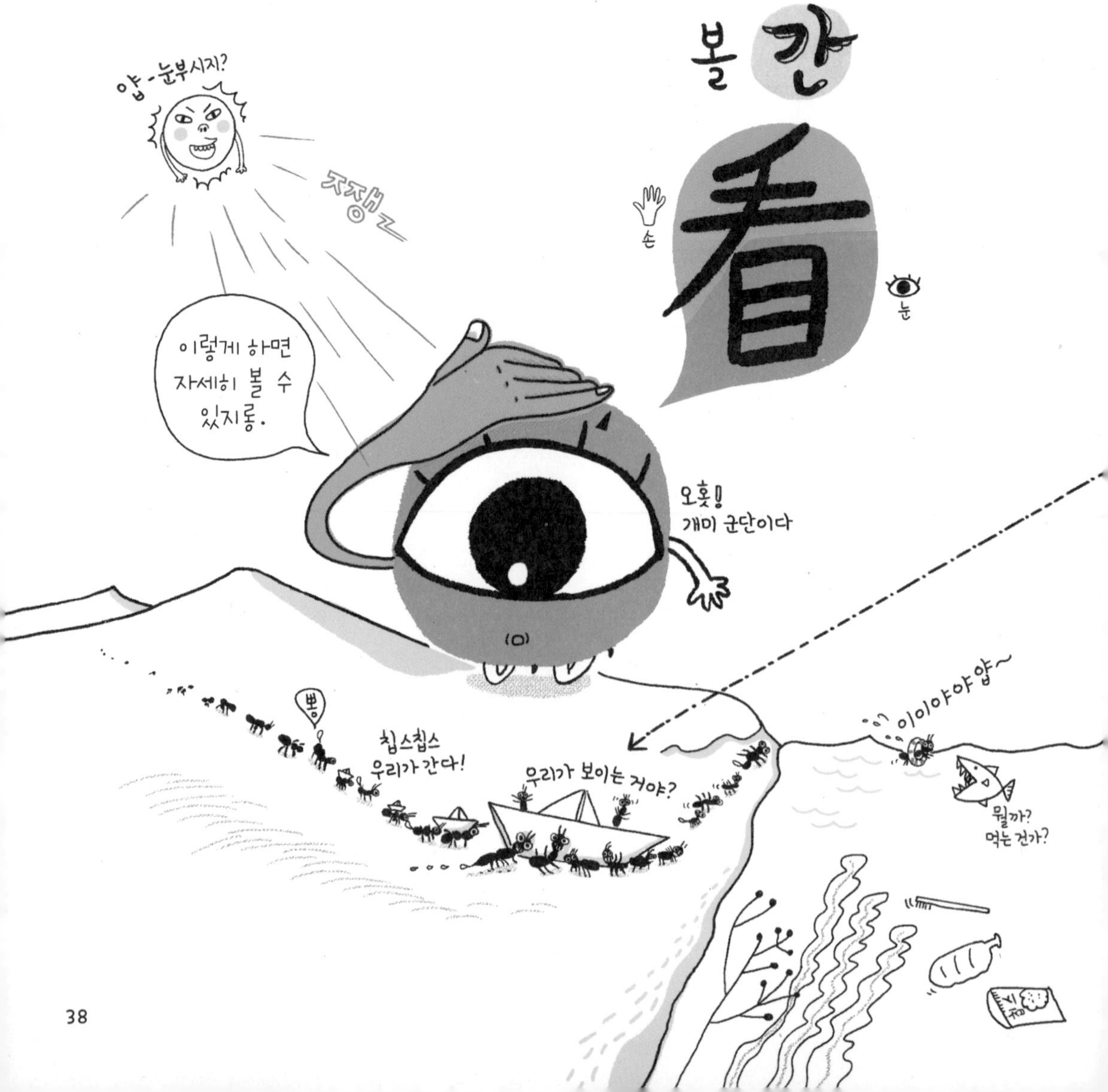

● 사람이 서서 멀리 내다보면

- **간호** (看 볼 간 + 護 보호할 호)
  아픈 사람을 세심하게 살펴서 돌봄.
- **간판** (看 볼 간 + 板 널빤지 판) 사람들이 잘 볼 수 있게
  가게나 회사 이름을 크게 적어 달거나 세우는 판.

똥글이의 우주 견학(見學)

- **견학** (見 볼 견 + 學 배울 학) 보고 배움.
- **견문** (見 볼 견 + 聞 들을 문) 보고 들음.

눈도 쉴 때가 있어

하루 종일 눈 뜨고 보느라 피곤했으니 눈을 좀 감아 보사고.
눈을 감으면 눈동자가 보이지 않지? 뜬 눈과 감은 눈을 뜻하는 글자의 차이도 바로 그거야. 두 글자에서 다른 점을 찾아봐.

• **艮(괘 이름 간)** 옛 모습은 𥃩. 뾰족한 침을 뚫어져라 보는 눈을 본떠 만든 글자야.

감고 자는 눈

잘 면

• **民(백성 민)** 옛 모습은 𢆉. 뾰족한 침에 찔려 눈동자가 사라진 눈을 본떠 만든 글자야.

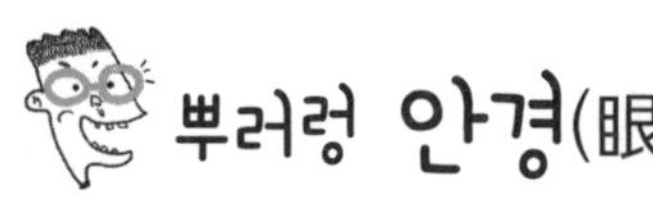

뿌러렁 안경(眼鏡)

안하무인(眼下無人), 안성실

- **안경** (眼 눈 안 + 鏡 거울 경) 잘 보기 위해, 또는 눈을 보호하기 위해 쓰는 유리로 만든 도구.
- **안하무인** (眼 눈 안 +下 아래 하 + 無 없을 무 + 人 사람 인)
  눈 아래 사람이 없다는 뜻으로 교만하고, 남을 무시하는 사람을 가리킴.

- **동면** (冬 겨울 동 + 眠 잘 면) 겨울잠.
  개구리, 뱀 등의 짐승이 잠을 자며 겨울을 나는 것.
- **수면** (睡 졸음 수 + 眠 잘 면) 잠을 자는 것.

안 보이면 끝이야

옛날에는 전쟁이 끊이질 않았어. 전쟁터에서 살아남으려면 눈을 부릅뜨고 적을 살펴야 해. 그래서 투구나 방패처럼 몸을 보호하는 무기에 目(눈 목) 자를 더한 글자가 생겼지.

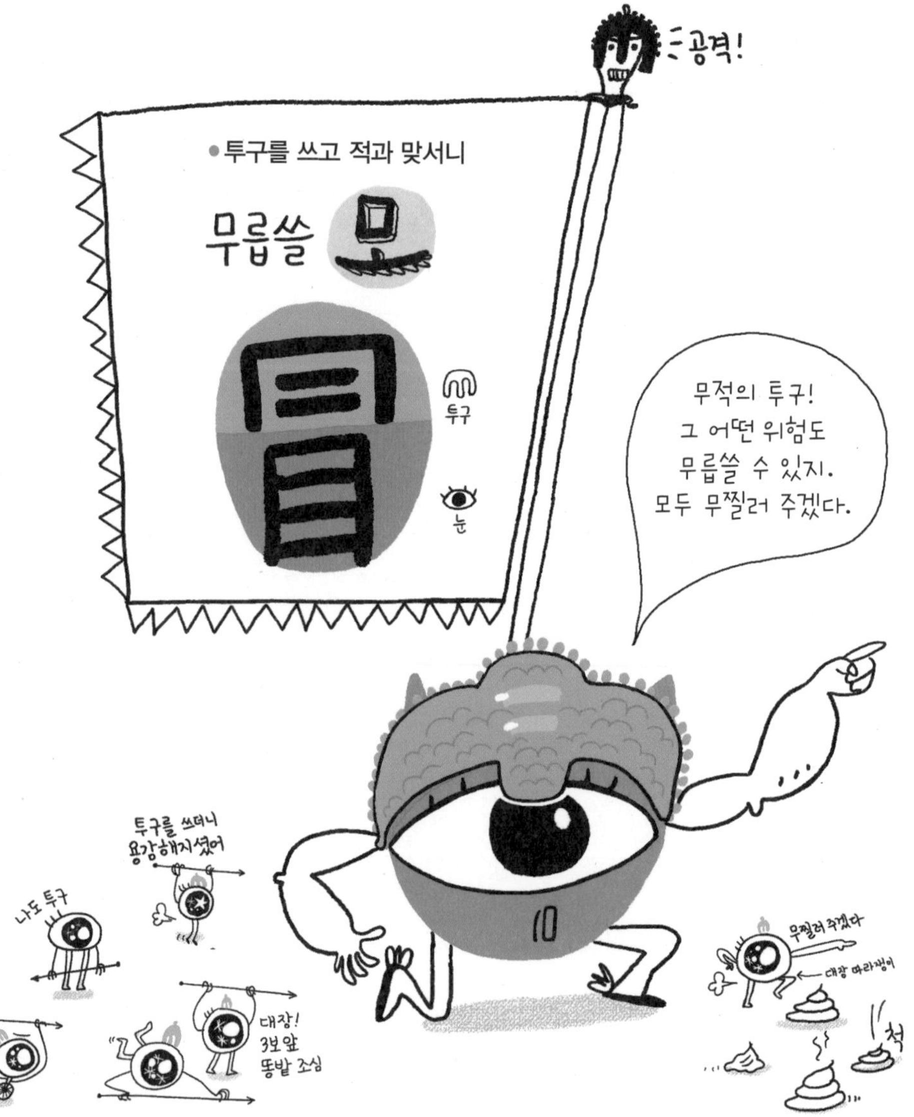

이게 웬 똥밭이냐~
우리 무기가
없으니 기다리자!
더러워
막아!
적을 살피며 공격을 막는 무기
방패 순
盾
방패
눈
무순 소리!
내게는 무적의
방패가 있다.
그 어떤 적이든
막아 주마.
뿡뿡뿡
이
3점 똥슛
제발
밟아라
얍~
똥 투척
척
영차

모험(冒險) 소년, 켱온이

• **모험** (冒 무릅쓸 모 + 險 험할 험)
위험을 무릅쓰고 어떤 일을 하는 것.

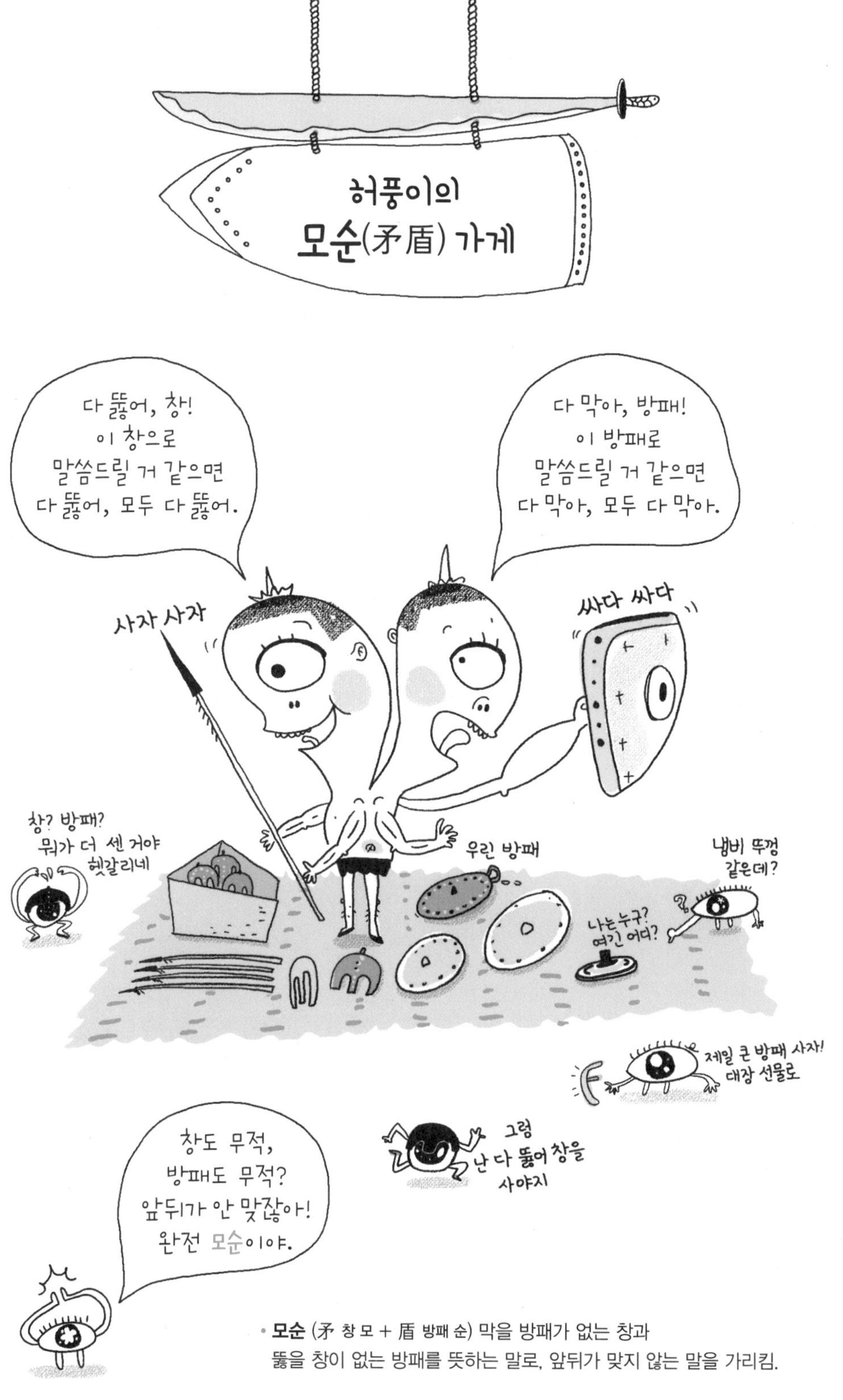

• **모순** (矛 창 모 + 盾 방패 순) 막을 방패가 없는 창과 뚫을 창이 없는 방패를 뜻하는 말로, 앞뒤가 맞지 않는 말을 가리킴.

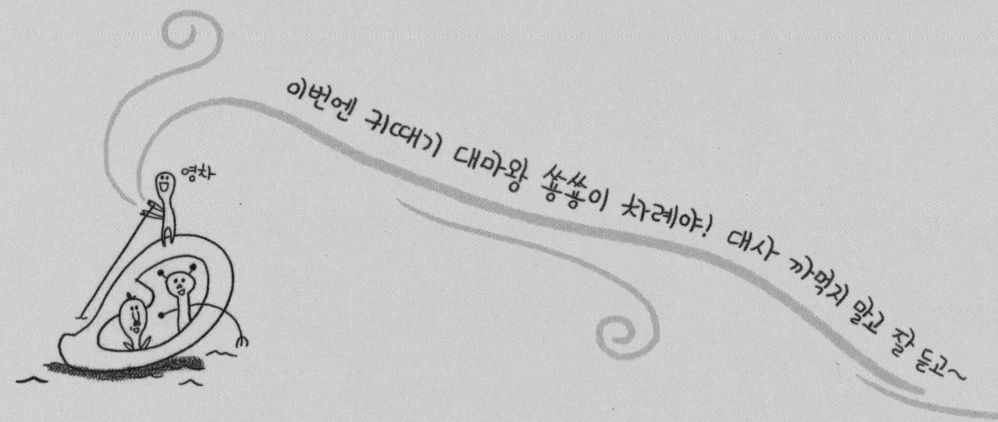
영차
이번엔 귀때기 대마왕 쏭쏭이 차례야! 대사 까먹지 말고 잘 듣고~

꼬맹이 털북숭이들 빨리 불러~ 귀 뻥뻥☆

耳
귀 이

소중한 귀를 지켜라!

길쭉한 귓바퀴, 겹겹의 주름 안에 쏙 숨은 귓구멍.
그 모양을 본떠 耳(귀 이) 자를 만들었어.

→ → → 耳

귀는 소리를 듣고, 가끔은 속마음도 보여 줘.
옛날에는 남의 귀를 자르기도 했다는데 무슨 얘길까?
耳(귀 이) 자를 넣어 만든 글자들을 보면 알 수 있지!

01 • 소리를 들어
聞 문
聲 성

02 • 마음을 나타내
耽 탐
恥 치

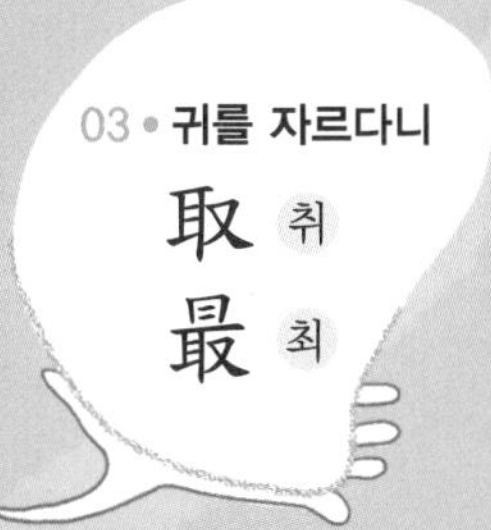

03 • 귀를 자르다니
取 취
最 최

04 • 귀를 모아모아
攝 섭
聯 련

귀! 소리를 들어라

“귀야, 너의 하는 일이 무엇이냐?” 세상의 모든 귀가 대답했어.
“소리를 듣사옵니다.” 귀와 소리, 듣는 일은 떼려야 뗄 수 없는 사이지.
그래서 듣는 일을 뜻하는 글자에는 耳(귀 이) 자가 들어 있어.

• 문에 귀를 대고 들으니

들을 문

聞

門 짝문

귀

귀 없는 사람 외출 금지

오~, 음악 소리가 들려. 파티를 하나 봐.

귀가 있는 별종

음악 소리가 뭐지?

나도 듣고 싶다

귀가 없어 소리를 못 들음

● 석경을 치고 귀를 기울이니

소리 성

팔랑귀 얼토당토 신문(新聞)

- **신문** (新 새 신 + 聞 들을 문) 새로 들은 소식이란 뜻으로, 여러 가지 일을 때맞추어 알려 주는 소식지를 가리킴.

털북숭이들의 환호성(歡呼聲)

- **환호성** (歡 기쁠 환 + 呼 부를 호 + 聲 소리 성)
  기뻐서 크게 부르짖는 소리.
- **함성** (喊 소리칠 함 + 聲 소리 성)
  여러 사람이 함께 외치는 소리.

내 마음이 보이니?

귀는 사람의 마음을 나타내기도 해. 뭔가에 푹 빠지면 불러도 듣지 못하고, 너무 창피하면 귀까지 빨개지거든.

귀가 들리지 않을 만큼 빠졌으니

즐길 탐

耽

귀

푹 빠진 사람

귀가 빨개질 만큼 마음이 창피하니

부끄러울 치 耳心

날 새도록 탐독(耽讀) 중

설명서 읽기는 기본. 먼저 땅을 고르고…

설명서에 푹 빠졌네.

그러게. 아예 탐독 중이야.

기둥을 고정시키고 다음에…

아~항

짹짹짹

탐독 중독증이다.

꺄훌~ 텐트 완성

아직도 읽고있니?

텐트 치는 법

끝! 다 읽었어. 이게 텐트 치자.

탁

날 샜다

굿모닝

뭐?

촤르르륵~

• **탐독** (耽 즐길 탐 + 讀 읽을 독) 어떤 글이나 책을 유달리 즐기거나 열중하여 읽음.

치사(恥事)한 우정

너를 닮은 못난이 핫도그, 맛나겠지?
안녕? 검은
응!
한 입 먹을래?
헐..
닮았어
고마워, 친구야 우~앙~
쭈-욱
척
웅훼훼~ 안 돼. 내 거야
뭐? 먹는 걸로 약 올리다니, 쩨쩨한 녀석! 부끄러운 줄 알아.
휙
메롱~
뻘쭘
전혀 부끄럽지 않다, 친구야.
먹나요?
~앙
놀리는 재미가 있어
치사해!
악
악

- **치사**(恥 부끄러울 치 + 事 일 사)**하다** 말이나 행동 따위가 쩨쩨하고 남부끄럽다.
- **수치심** (羞 부끄러울 수 + 恥 부끄러울 치 + 心 마음 심) 부끄러운 마음.

귀를 잘라 오너라

옛날이야기 하나 해 줄까? 옛날에는 전쟁터에서 적의 머리를 많이 베어 온 장수에게 상을 내렸어. 그러다 크고 무거운 머리 대신 귀를 잘라 오게 했대. 자그맣고 말랑말랑한 귀를….

- 적의 귀를 손에 넣었으니

가질 취 取

귀 손

세상 귀를 몽땅 갖고 말겠어.

나도 귀를 갖고 싶다.

쏭쏭이 귀를 여기에 착 붙였으면

난 토끼 귀랑 다람쥐 귀!

투구 쓴 대장의 귀를 가졌으니

最

투구

귀

손

털북숭이 대장의 투구와 귀!

어때?
내가 가장
용감하지?

쏭쏭이 귀!
최고네

멋있다

흥

흥

흥

취득(取得) 왕, 꼬꼬마 요리사

- **취득** (取 가질 취 + 得 얻을 득) 자기 것으로 만들어 가짐.
- **취재** (取 가질 취 + 材 재료 재) 기사 따위의 재료를 찾아 얻음.

세계 최초(最初), 주판 스키 쇼!

처음으로
주판 스키를 만들었다.
내가 세계 최초!

뭐? 허접?
주판 스키로
콱 밀어 버리겠어

좌르륵~

좌르르를~

바보

일단 도망~

충격

쌩

흥! 난 최초
주판 보드

- **최초** (最 가장 최 + 初 처음 초) 가장 처음.
- **최고** (最 가장 최 + 高 높을 고) 가장 높음. 으뜸인 것.

귀는 많을수록 좋아

적의 귀를 자르긴 했는데 어떻게 가져가지? 한두 개가 아닌데 말이야.
그래서 생각해 낸 게 자른 귀를 싹 모아서 한 줄로 꿰는 거야.
그렇게 귀를 모으고 엮던 모습에서 새로운 뜻의 글자가 나왔어.

● 손으로 귀를 쓸어 모으니

끌어 잡을 섭

攝

손

귀×3
(많은 귀)

다 내 거.
몽땅 끌어 잡자.

쓱싹~

귀를 줄줄이 실에 꿰니

연이을 련 聯

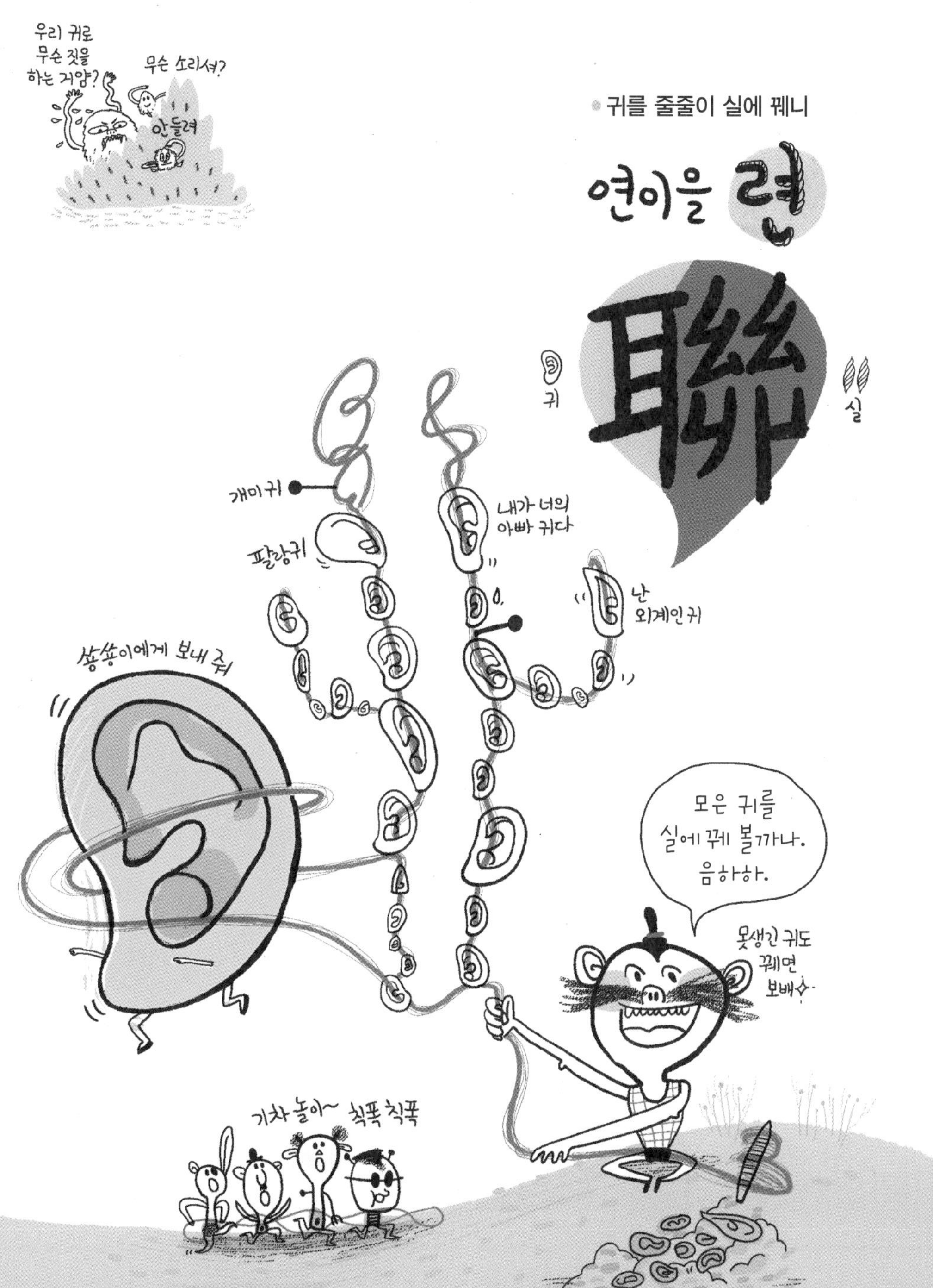

바야방
포섭(包攝) 대작전

귀를 찾아야 하는데, 좋은 방법 없을까?

흠…

포섭하자고? 그거 좋겠다.

뭘 포섭한대

뭐래?

바야방을 포섭하면 어떨까요?

하나 남은 귀를 미끼로 꾀요~

끌어 잡아 싸라는 거지?

덥석

휙

꺄악~

귀를 주고 우리 편으로 끌어들이자고요.

끙…

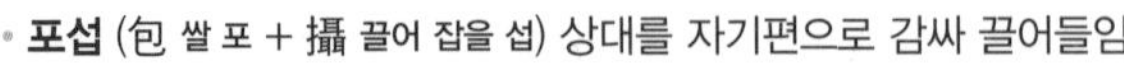
• **포섭** (包 쌀 포 + 攝 끌어 잡을 섭) 상대를 자기편으로 감싸 끌어들임.

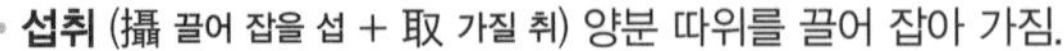
• **섭취** (攝 끌어 잡을 섭 + 取 가질 취) 양분 따위를 끌어 잡아 가짐.

신 나고 재미난 연상(聯想)송

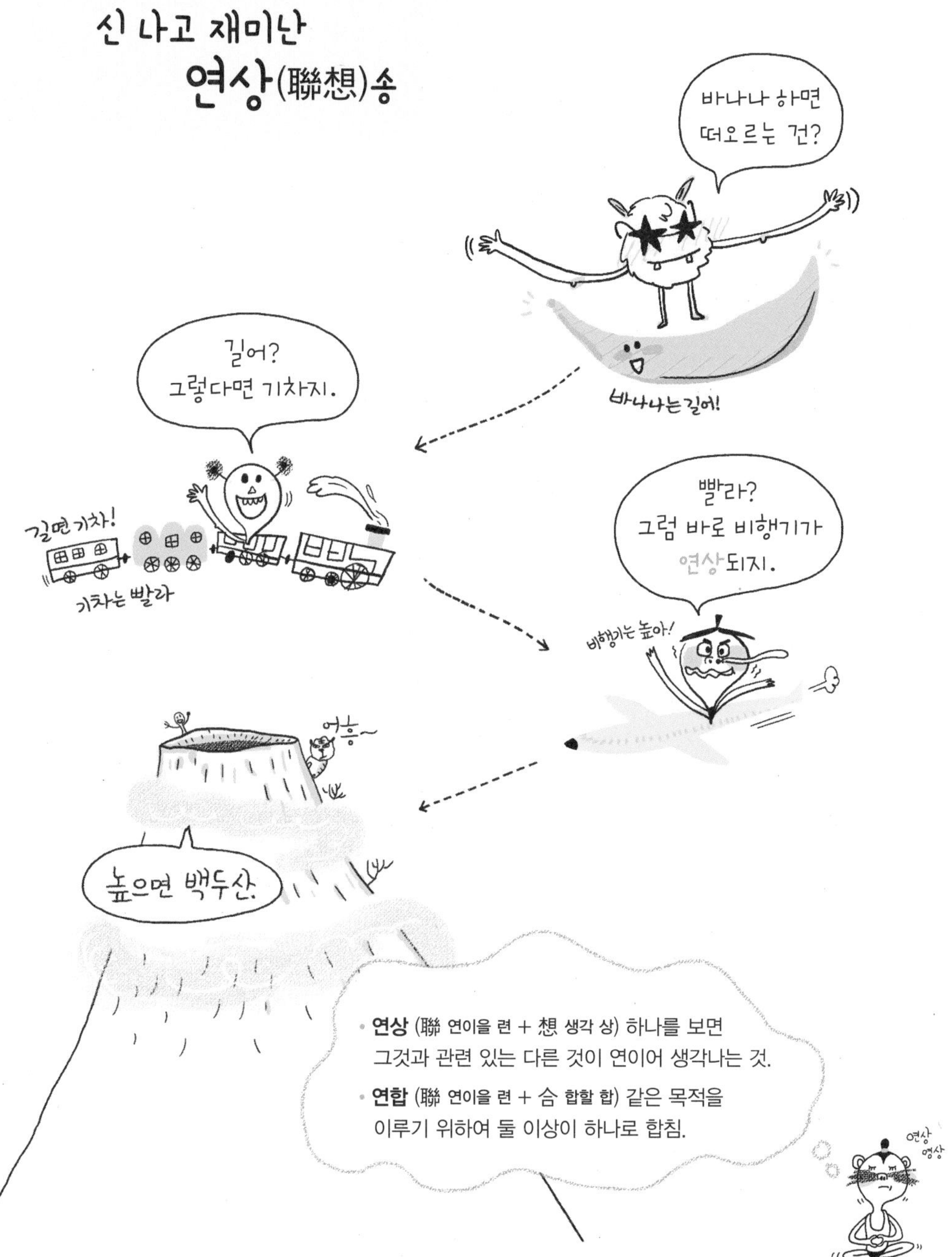

- **연상** (聯 연이을 련 + 想 생각 상) 하나를 보면 그것과 관련 있는 다른 것이 연이어 생각나는 것.
- **연합** (聯 연이을 련 + 合 합할 합) 같은 목적을 이루기 위하여 둘 이상이 하나로 합침.

왕코
킁킁킁킁
크~응

크크쿵 쿵쿵쿵 크~응

나? 코라고 코!

自(스스로 자)는 코 모양을 본떠 만든 글자야.

→ → → 自

그러면 '코 자'라고 해야지, 웬 '스스로 자'?
원래는 코를 뜻하는 글자였는데, 사람들이 자기를
가리킬 때 자꾸 얼굴 한가운데 있는 코를 가리키더래.
그래서 '나 자신', '스스로'라는 새 뜻을 얻게 되었지.
다른 글자 속에서는 여전히 코나 얼굴의 뜻으로 쓰여.

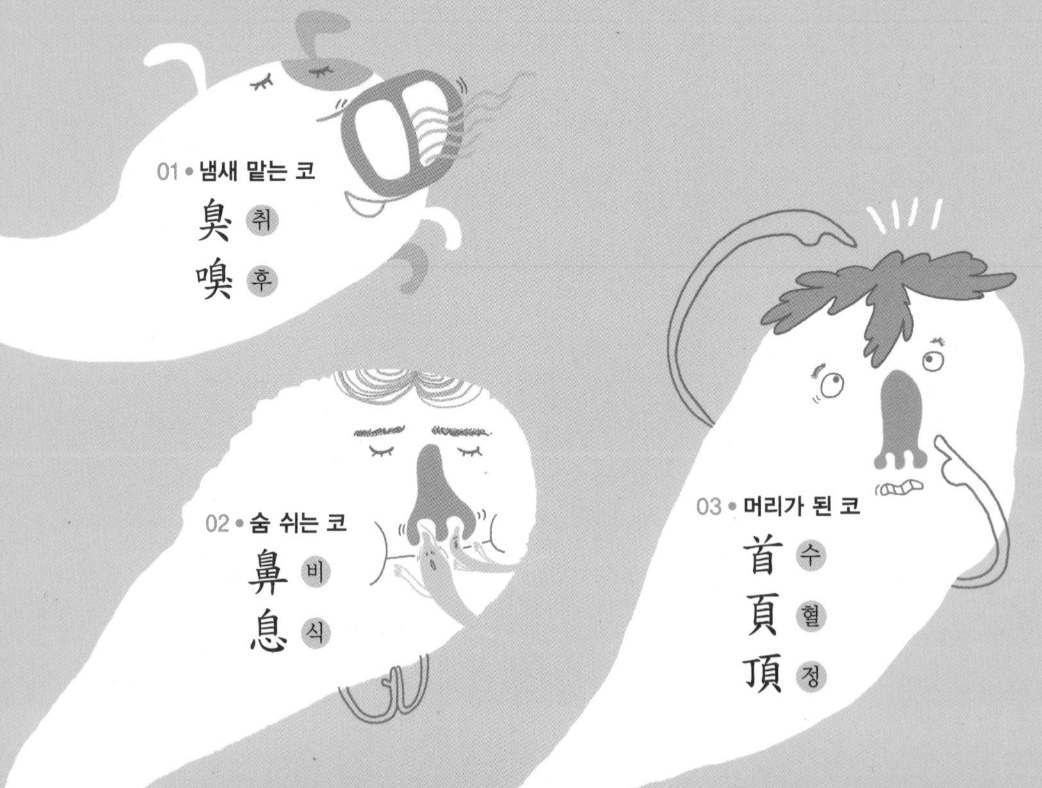

自
스스로 자

01 | 臭·嗅

냄새를 잘 맡아서 개코

지금부터 스피드 퀴즈를 내겠어. "냄새를 맡는 건?" "코!" "냄새를 잘 맡으면 무슨 코?" "개코!" 이번엔 아주 어려운 문제야. 코(自)와 개(犬)가 만나면 어떤 글자가 될까?

● 개가 코를 킁킁거리니

냄새 취

臭

코

개

킁킁킁

맛있는 냄새.

왕코

역시 개코왕코!

움직이지 마 냄새나

● 개가 콧구멍을 벌름거리니

- **향취** (香 향기로울 향 + 臭 냄새 취) 향기로운 냄새.
- **악취** (惡 나쁠 악 + 臭 냄새 취) 나쁜 냄새.

귀신같은 절대 후각(嗅覺)

• **후각** (嗅 냄새 맡을 후 + 覺 깨달을 각) 냄새를 맡는 감각.

코로 숨이 들락날락

코가 막히면 답답해서 죽겠지? 입으로도 숨을 쉬지만 우리 몸에 공기가 들고 나는 진짜 통로는 코야. 코 하면 숨, 숨 하면 코를 빠뜨릴 수 없지.

• 콧구멍으로 공기가 들고 나니

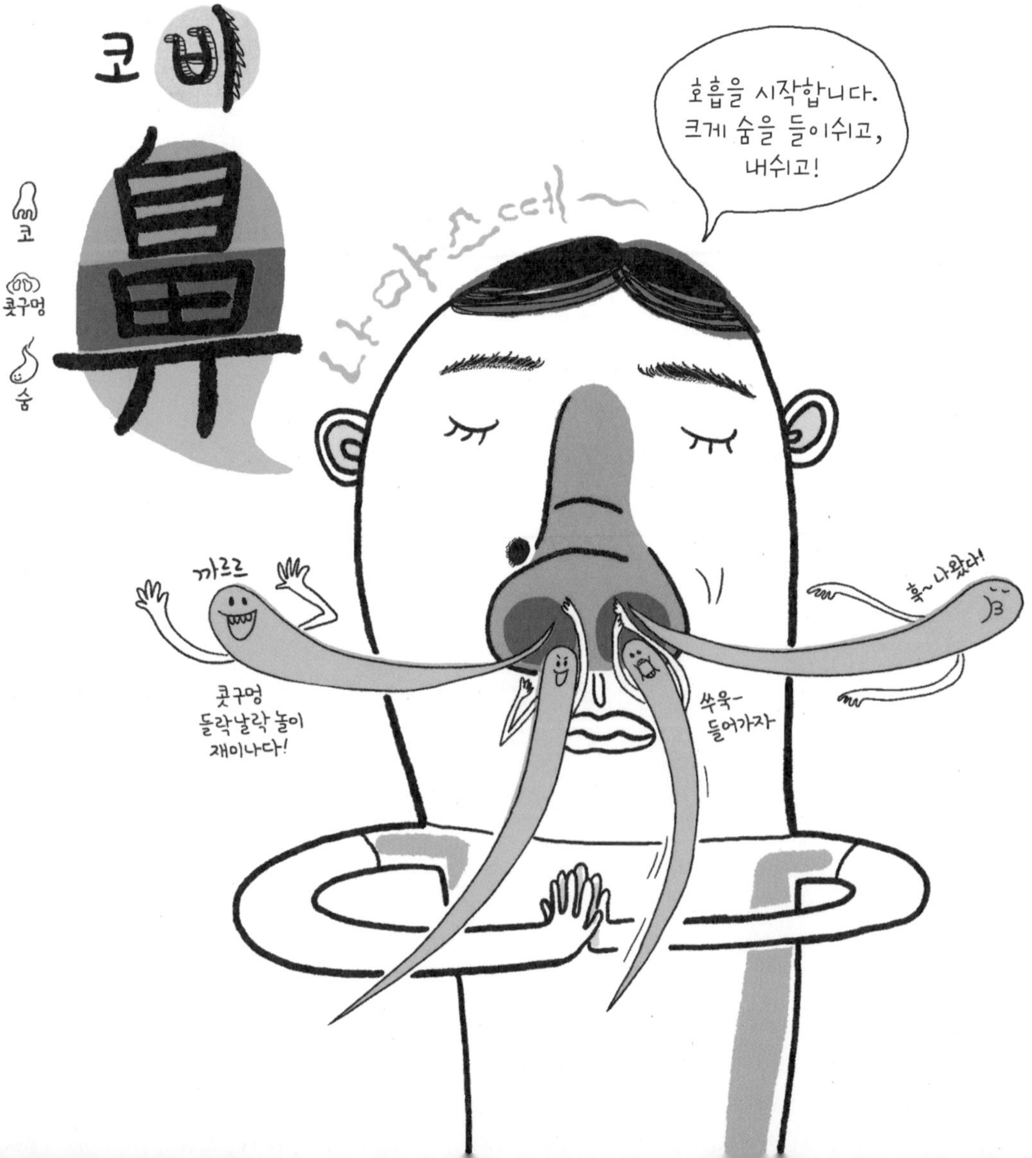

코 비
鼻
코
콧구멍
숨

호흡을 시작합니다.
크게 숨을 들이쉬고,
내쉬고!

까르르

콧구멍
들락날락 놀이
재미나다!

쑤욱-
들어가자

훅~ 나왔다!

• **息(숨쉴 식)** '살아 숨 쉬는 모습'을 본떴기 때문에 '숨 쉬다'란 뜻과 '살아 있다'의 뜻을 함께 갖고 있어.

• **이비인후과** (耳 귀 이 + 鼻 코 비 + 咽 목구멍 인 + 喉 목구멍 후 + 科 과목 과)
귀, 코, 목구멍에 생긴 병을 치료하는 의학의 한 분야.

특종! 서식지(棲息地), 베일을 벗다

- **서식지** (棲 깃들 서 + 息 숨 쉴 식, 살 식 + 地 땅 지) 동물이나 식물이 깃들어 사는 곳.
- **질식** (窒 막힐 질 + 息 숨 쉴 식) 숨이 막힘.

코로 머리 만들기

다 그리려면 복잡하니까 얼굴의 중심인 코(自)를 얼굴이라 치자.
그리고 그 위에 머리털을 얹어 머리(首)라고 하는 거야.
어때, 글자 만들기 쉽지?

• 얼굴에 머리털을 얹어

머리 수

머리털

얼굴

밀가루 반죽에서 태어났어

안녕

코 큰 얼굴을 만들고!

머리털을 얹으면?

가발

머리 완성!

밀가루

• **首(머리 수)** 머리는 몸의 맨 위에 있어서 '우두머리', '처음'의 뜻으로도 쓰여.

몸 위에 붙은 머리
머리 혈
頁
머리
사람
응? 응.
드디어 머리가
자리를 찾았어.
척.
휙
내 몸
돌리도
머리를
어디에
둘까?
꼭대기로
올려
짱
완전
잘 맞아!
머리 꼭대기를 일러
정수리 정
頂
못
머리
사람
못의 꼭대기는
여기! 못대가리.
그럼, 머리
꼭대기는?
정수리 봤다!
심봤다!
악~
내 정수리
흔들
흔들

- **수제자** (首 머리 수, 우두머리 수 + 弟 아우 제 + 子 아들 자)
여럿 가운데 가장 뛰어난 제자.

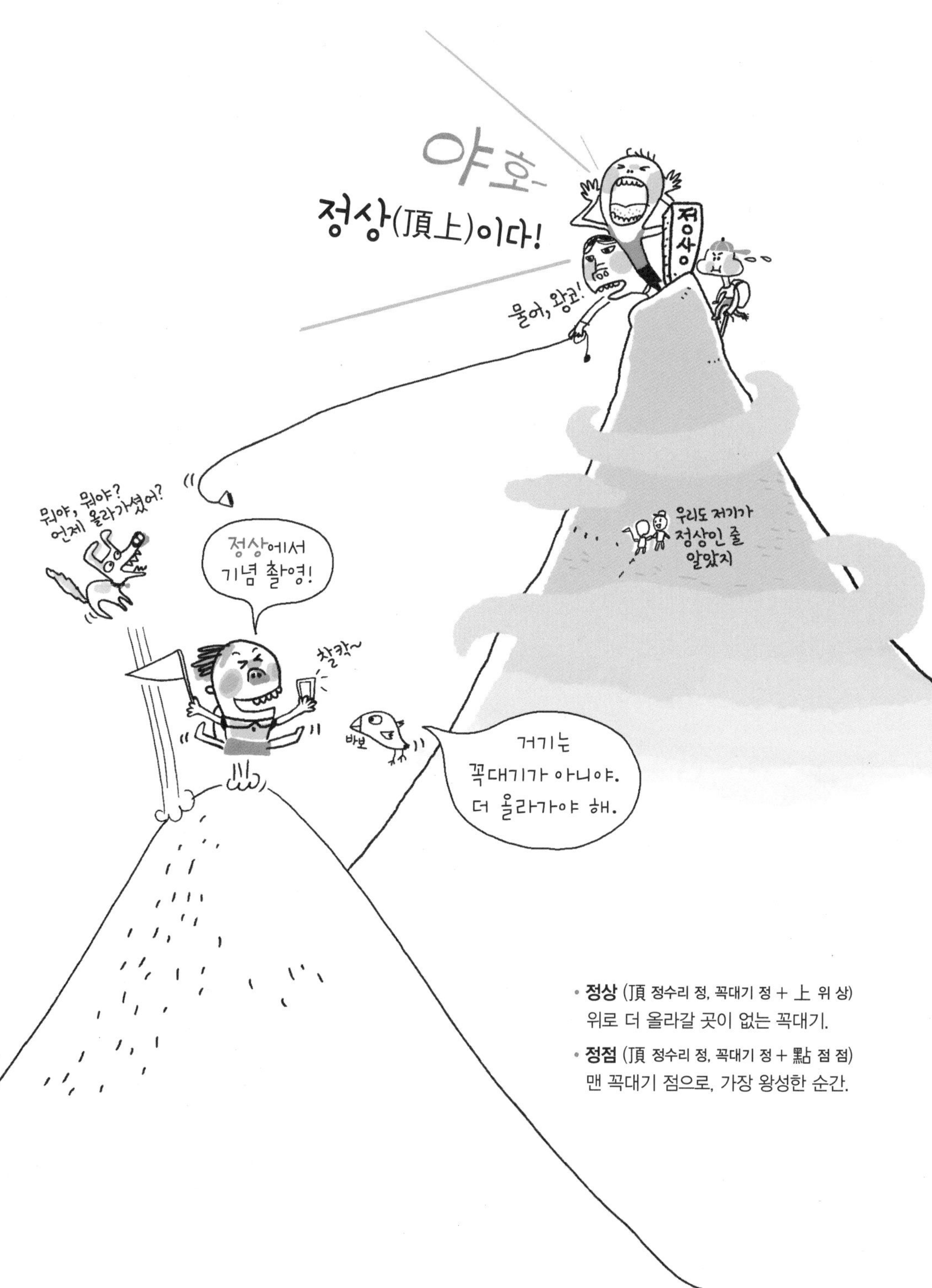

- **정상** (頂 정수리 정, 꼭대기 정 + 上 위 상)
  위로 더 올라갈 곳이 없는 꼭대기.
- **정점** (頂 정수리 정, 꼭대기 정 + 點 점 점)
  맨 꼭대기 점으로, 가장 왕성한 순간.

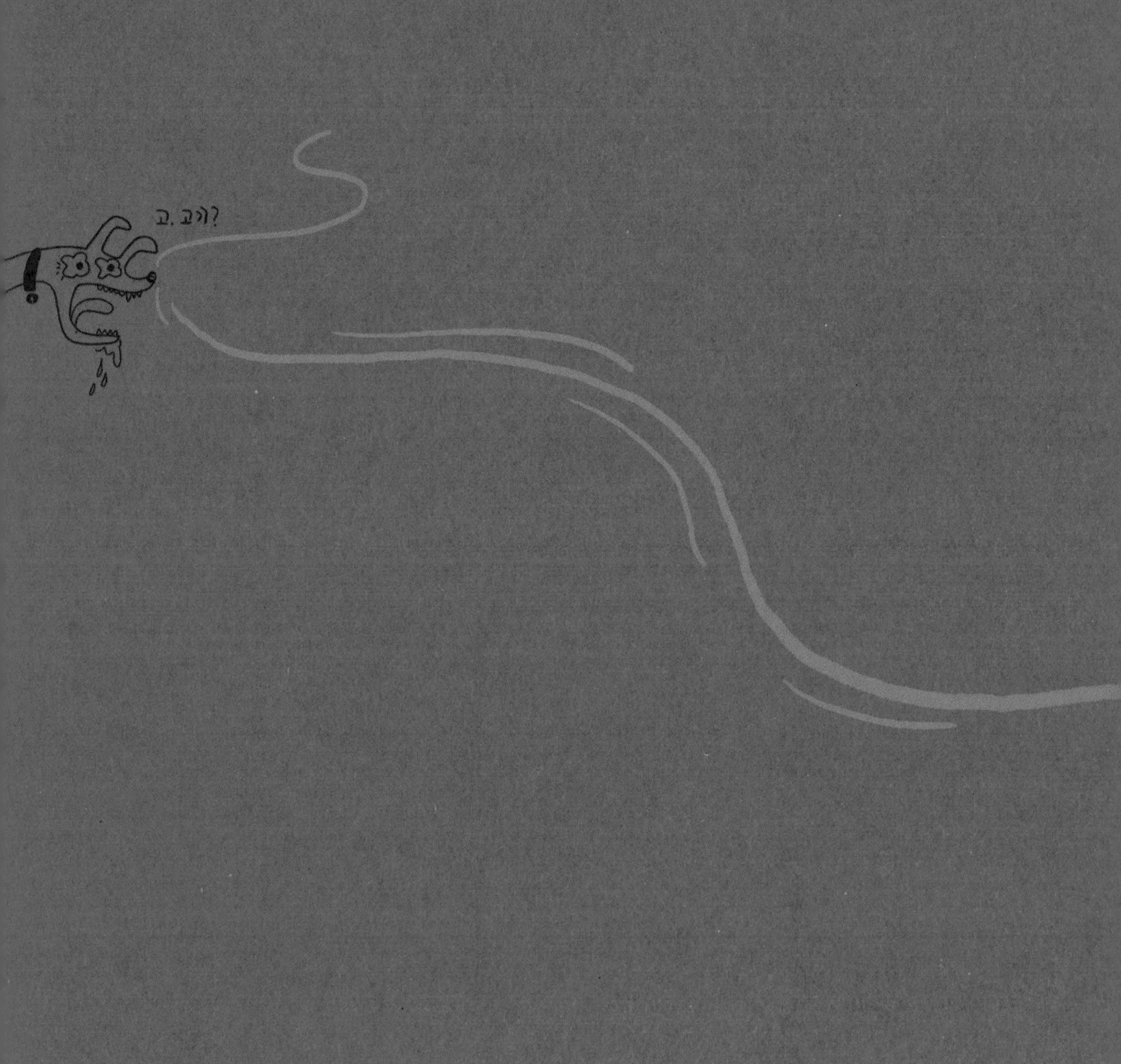
고.고기?

쇼 구경도
식후경!

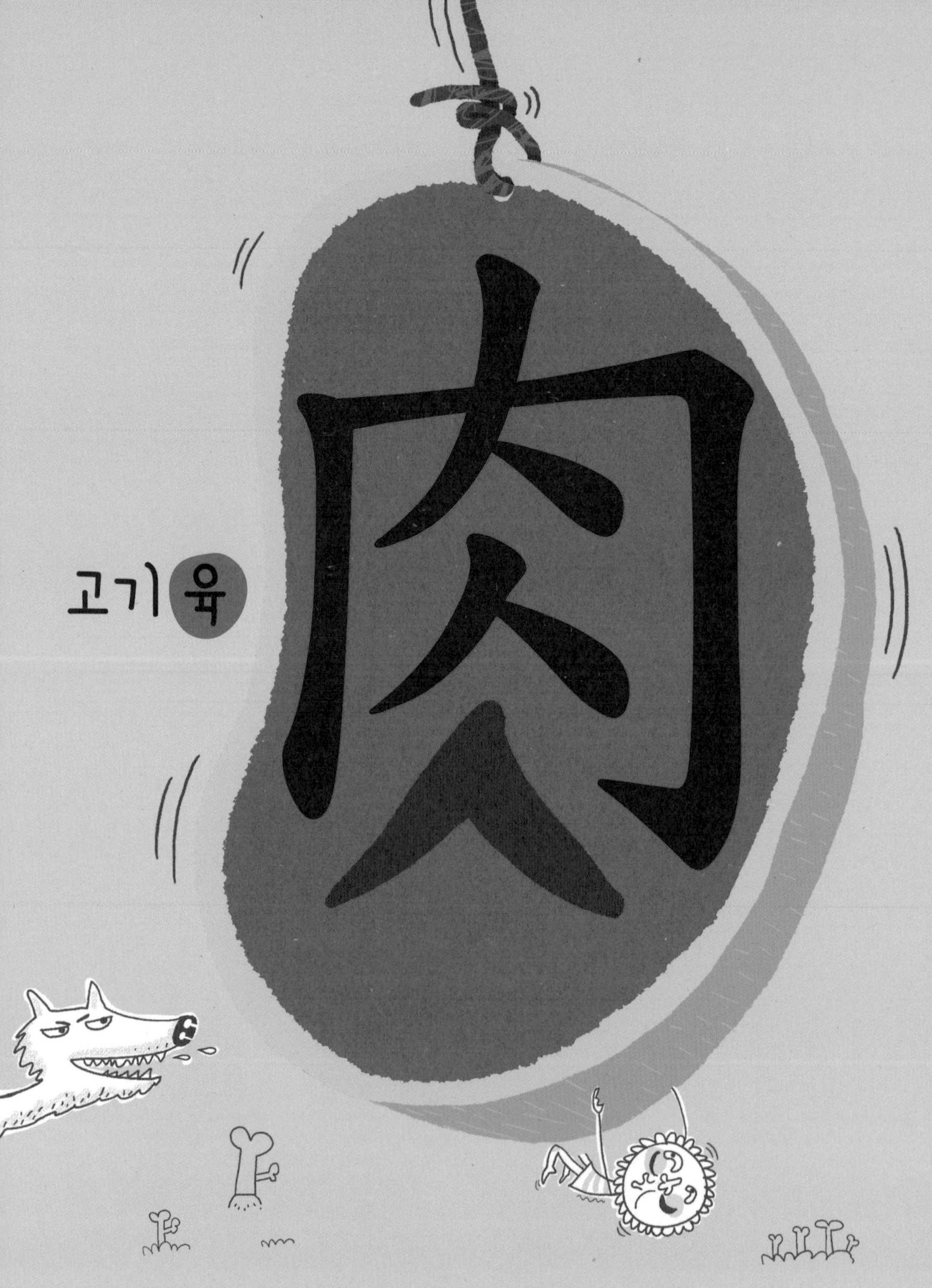
肉
고기 육

고기가 되고 살이 되고

肉(고기 육)은 자른 고기 한 점을 본떠 만든 글자야.

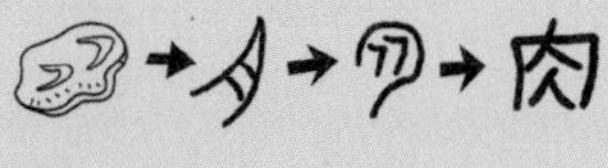

살과 힘줄이 보이지? 모양 그대로 짐승의 고기나
몸의 살을 뜻하고, '고기, 살'과 관련된 글자에 쓰여.
그리고 하나 더. 다른 글자 속에서는
肉(고기 육) 자가 月( ) 모양으로 변해.
모양이 좀 달라졌다고 몰라보면 안 돼!

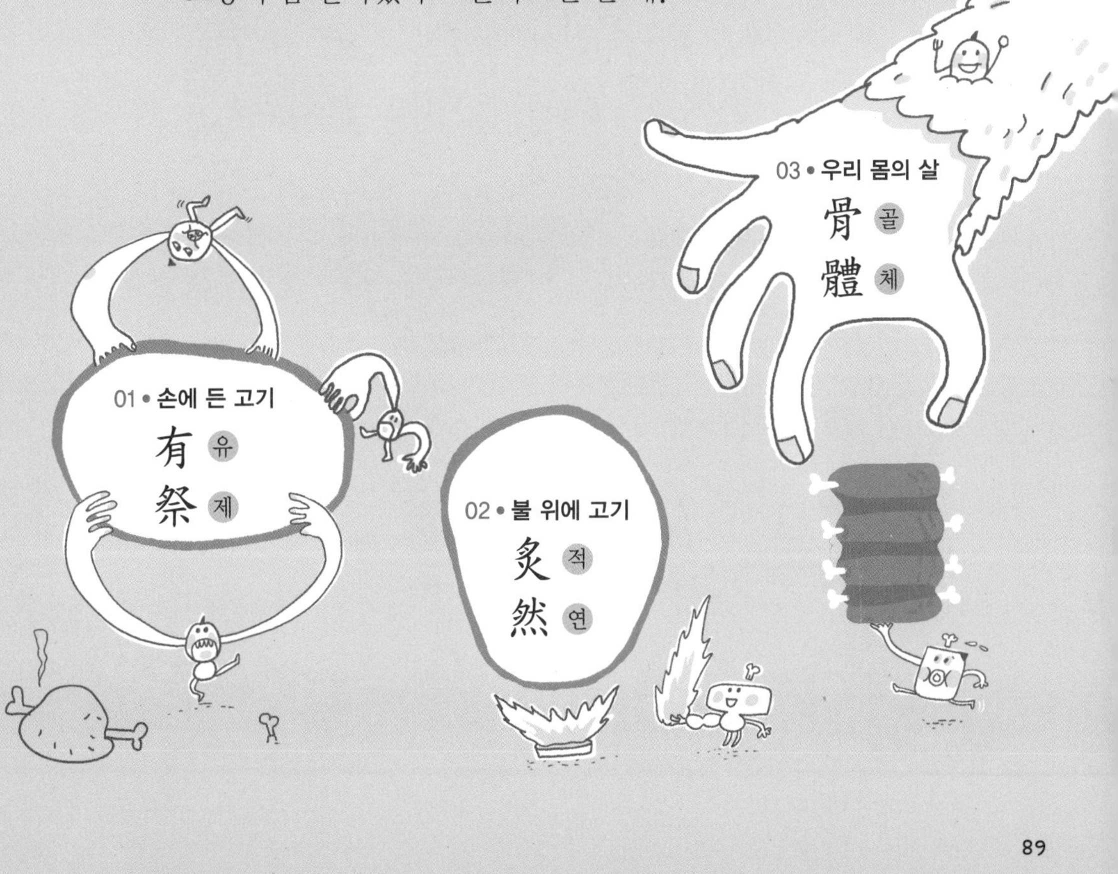

03 • 우리 몸의 살
骨 골
體 체

01 • 손에 든 고기
有 유
祭 제

02 • 불 위에 고기
炙 적
然 연

귀한 고기를 손에 들고

옛날에는 고기가 귀했고 그만큼 비쌌어. 그래서 좀 있는 집에서나 먹을 수 있었지. 고기는 제사상에도 빠지지 않았어. 귀한 고기를 바치면 신령님이나 조상님도 기뻐할 거라고 생각했거든.

● 고기를 제단에 올리니

제사 제

• **유식** (有 있을 유 + 識 알 식) 많은 지식을 갖고 있음.
• **유명** (有 있을 유 + 名 이름 명) 이름이 널리 알려져 있음.

걸리버를 위한 **축제**(祝祭)!

축제다! 먼저 신께 제사를 올리자.

제사 끝! 이제 먹고 놀자.

제사를 지낸 뒤 음식을 나누어 먹으며 노는 게 축제구나.

- **축제** (祝 축하할 축, 빌 축 + 祭 제사 제)
  축하하여 벌이는 큰 행사. 제사를 지낸 뒤 음식을 나누어 먹으며 놀았던 풍습에서 기원함.

고기는 구워야 제맛

아주 먼 옛날, 불을 사용하게 된 사람들이 사냥한 짐승의 고기를 구워 보았어. 이게 웬걸? 냄새도 좋고 씹기도 좋고 맛도 좋은 거야. 그 뒤로 쭉 고기를 구워 먹었으니 고기는 불에 굽는 게 당연해!

● 불 위에 고기를 올리니

고기구울 적

炙

고기

불

맛있는 짐승 대령이오

아후~ 난 어디로

한 손으로 굽는 놀라운 기술.

얍 얍 얍

내가 일등으로 먹을 꼬야!

흥, 과연

고기구이 맛나겠다.

고기! 꼬기!

• **犬 (개 견)** 개는 사람들이 일찍부터 길렀던 짐승이어서 犬(개 견)이 짐승을 대표하는 글자로 쓰였어.

우리 만남은 우연(偶然)이 아니야

- **우연** (偶 우연 우 + 然 불탈 연, 그럴 연) 별다른 원인 없이, 그냥 어쩌다 보니 그렇게 된 일.
- **필연** (必 반드시 필 + 然 불탈 연, 그럴 연) 원인이 있어 결과가 반드시 그렇게 될 수밖에 없는 일.

태연(泰然)해도, 너무 태연해

당황

으잉?

크르르흥! 내가 죽은 줄 알았지? 이 고기는 뭐냐? 내가 먹을 테다. 배고프다.

잡아라!

태~연

덥썩

톡

찹찹찹찹

악 무서워-

난 니가 더 무서워

내 거야.

놀라지도 멈칫거리지도 않아.

좀비라면 난 기절

이건, 좀비 짐승이야

이 상황에서 배가 고파?

저렇게 태연하다니!

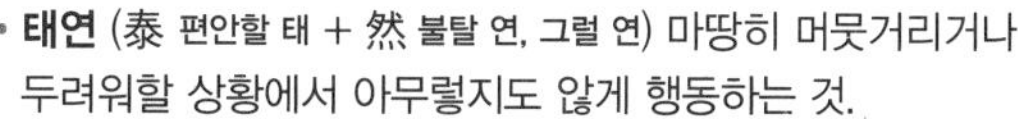

• **태연** (泰 편안할 태 + 然 불탈 연, 그럴 연) 마땅히 머뭇거리거나 두려워할 상황에서 아무렇지도 않게 행동하는 것.

살! 뼈가 되고 몸이 되고

우리 몸은 肉(고기 육) 자와 관계가 깊어. 딱 봐. 온몸이 살이잖아. 骨(뼈 골) 자 역시 살로 둘러싸인 뼈마디의 모습을 본떠 만들었어. 그런 뼈마디가 차곡차곡 쌓여 우리 몸을 이루지.

선생님! 살 속에 뼈가 보입니다.

들어와 따뜻해~

닥터 빵가가 정체를 밝혀 주마

레이저 쓔웅~

털 좀 뽑아 봐?

뻣뻣한 털~

● 살과 뼈대가 만나

뼈 골

骨

뼈

살

• 그릇 위에 음식을 올리듯 뼈가 쌓여

몸 체

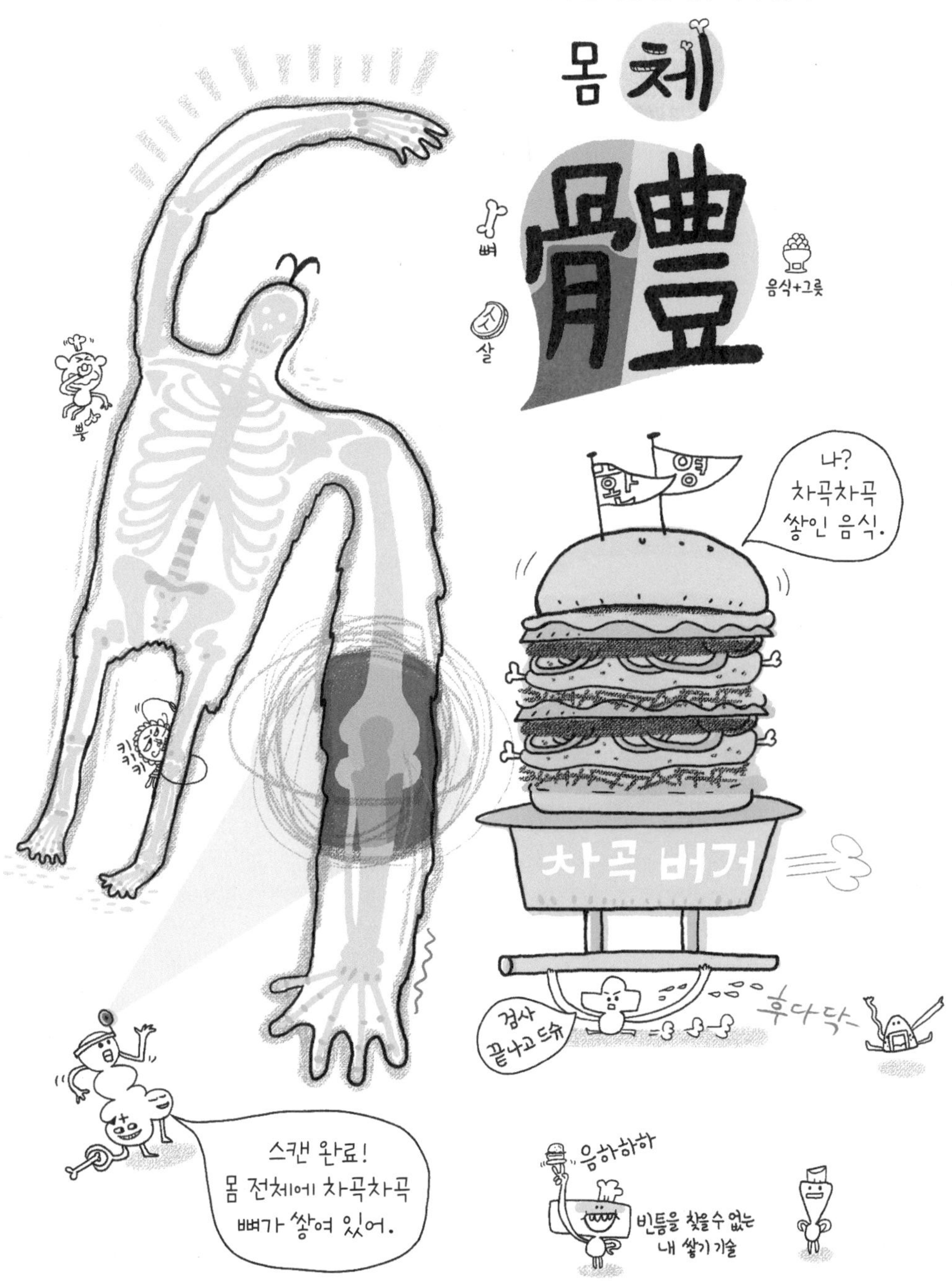

• **해골** (骸 뼈 해 + 骨 뼈 골)
죽은 사람의 살이 썩고 남은 앙상한 뼈.

마술 같은 체육(體育)의 효과

- **체육** (體 몸 체 + 育 기를 육) 일정한 운동을 통하여 신체를 튼튼하게 단련시키는 일.
- **체력** (體 몸 체 + 力 힘 력) 몸을 움직여 어떤 일을 하는 힘.

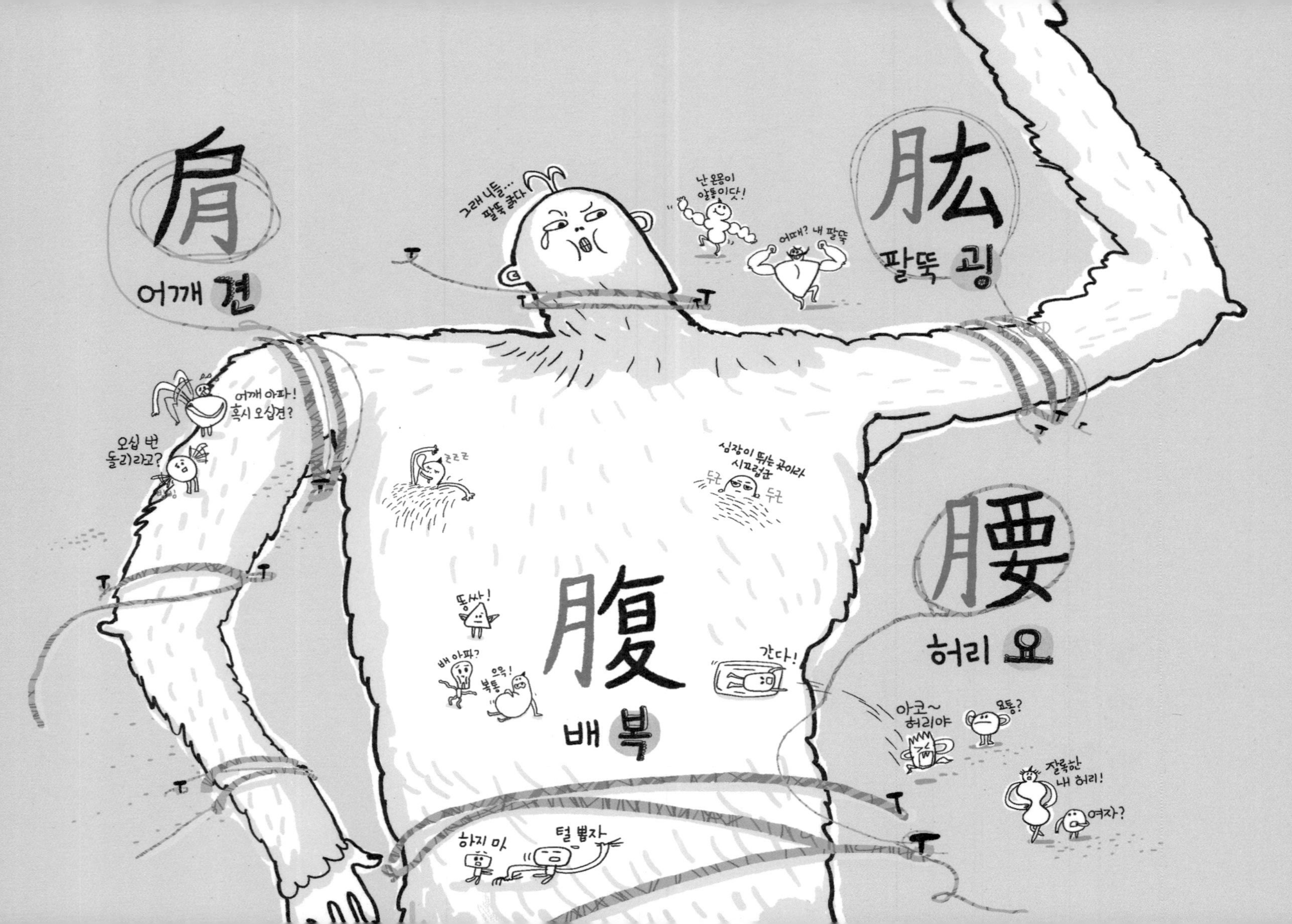

肩
어깨 견
그래 니들… 팔뚝 좋다
난 온몸이 알통이닷!
어때? 내 팔뚝
肱
팔뚝 굉
어깨 아파! 혹시 오십견?
오십 번 돌리라고?
ㅋㅋㅋ
심장이 뛰는 곳이라 시끄럽군
두근 두근
腰
허리 요
똥싸!
腹
배 복
배 아파?
으윽! 복통
간다!
아코~ 허리야
요통?
잘록한 내 허리!
여자?
하지 마
털 뽑자

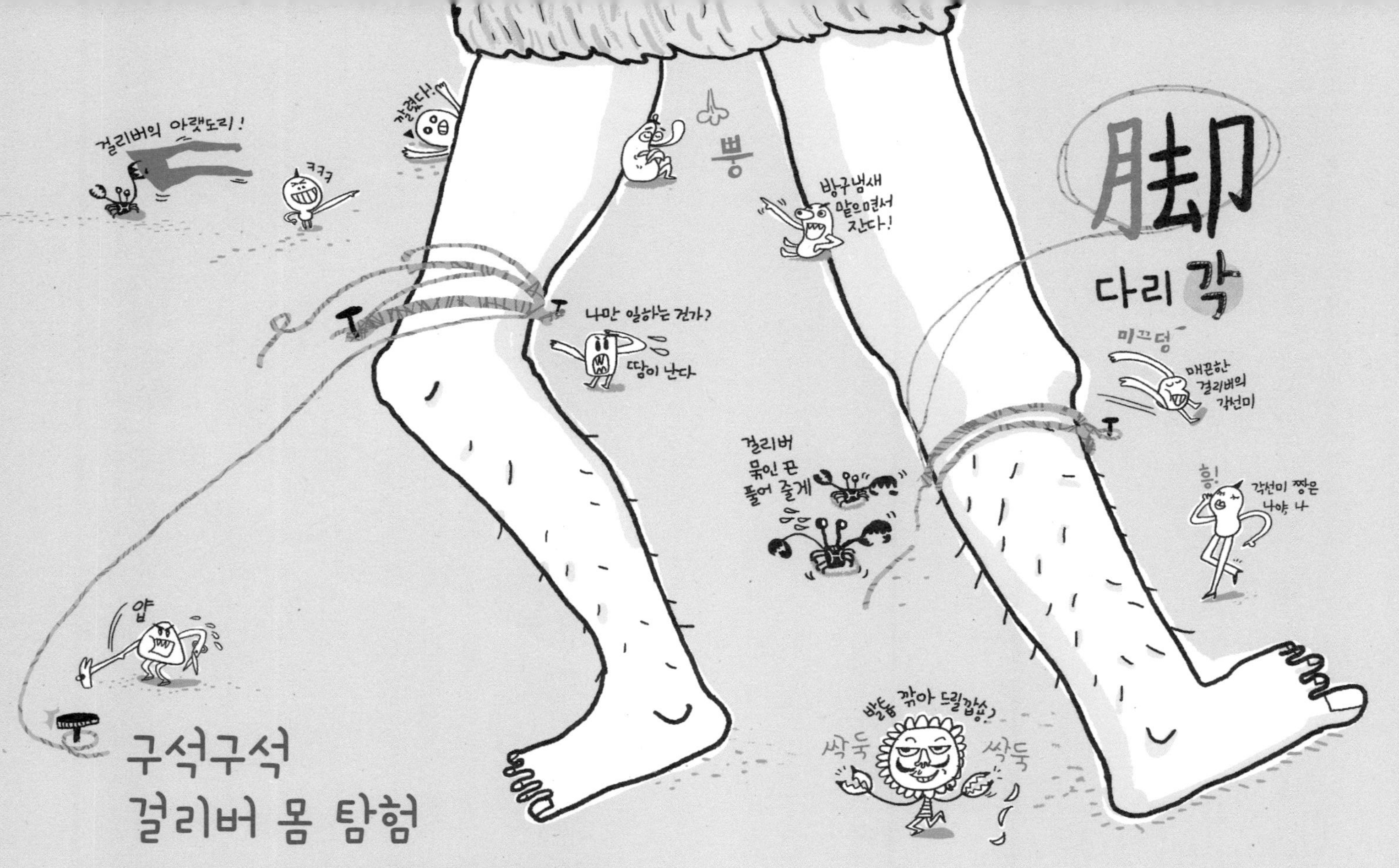

구석구석 걸리버 몸 탐험

어깨, 허리, 다리 등 우리 몸의 각 부위를 가리키는 이름 글자에는 대부분 肉(고기 육)이 들어가.

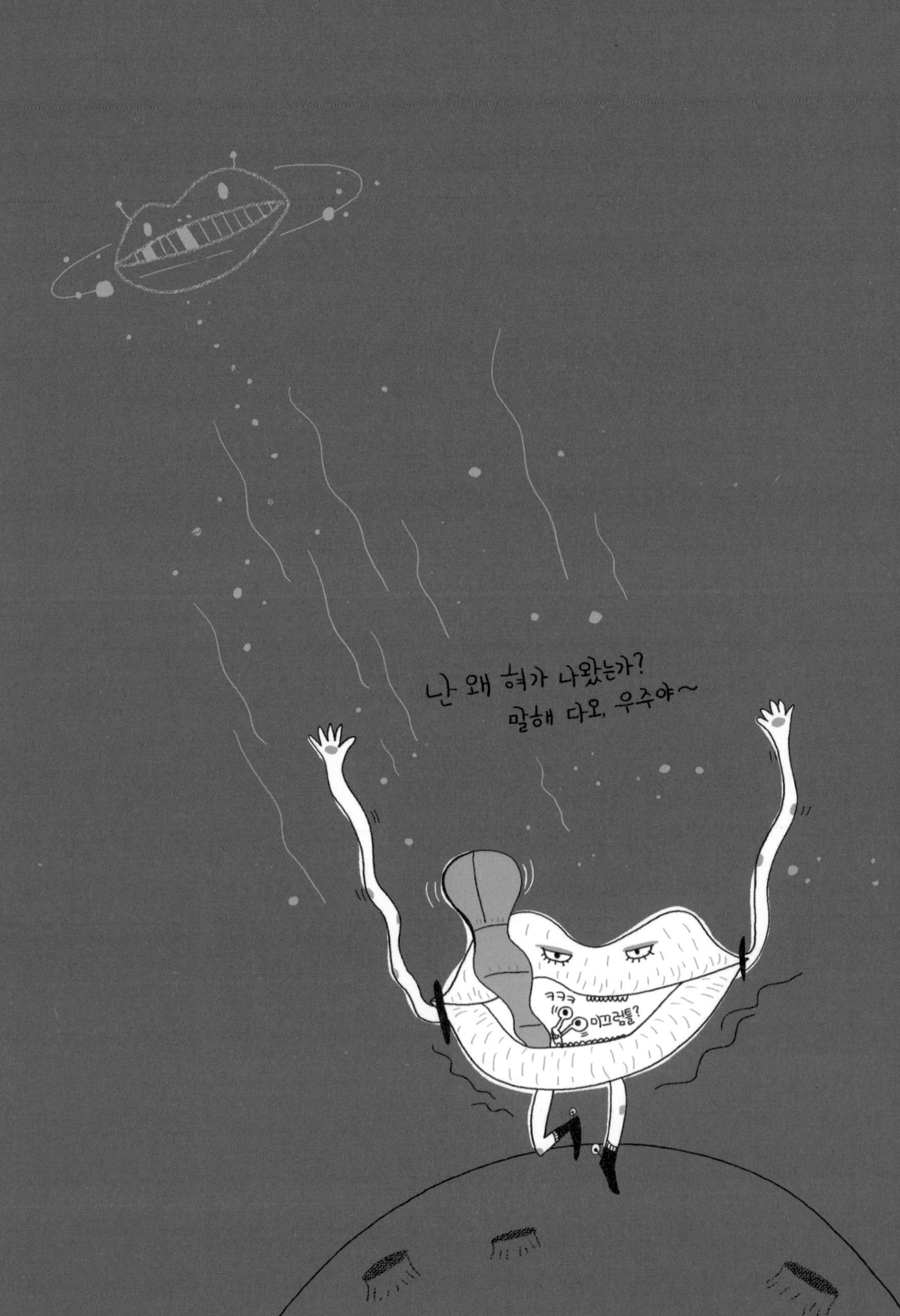
난 왜 혀가 나왔는가?
말해 다오, 우주야~
ㅋㅋㅋ
미끄럼틀?

친구들에게 물어봐~

입에서 나오는 특별한 소리

말은 사람의 생각이나 느낌을 표현하는 특별한 소리야. 말을 하려면 입 속의 혀를 움직여 약속한 소리를 내야 해. 그래서 言(말씀 언)은 입과 혀, 소리를 합친 모양이지.

言(말씀 언)이 들어간 글자들을 보면 사람이 더불어 사는 데 말이 얼마나 중요한 역할을 하는지 알 수 있어.

言
말씀 언

어떻게 말할까

오늘 하루 무슨 말을 했는지 어떤 말을 들었는지 생각해 봐.
말을 하는 이유도, 말을 하는 모습도 가지가지.
그중에 불과 물을 꼭 닮은 말이 있다는데 한번 볼까?

● 말로 불꽃 같은 이야기꽃을 피우니

이야기 담

談

말

불×2
(불꽃)

옛날 옛적에 불을 뿜는 용과 우주 닭이 결혼해서 용닭을 낳았어. 그런데….

바보. 이야기꽃이야.

불꽃 튀긴다.

아~

그게 용가뤼 친구 용닭이?

얘기 참 재밌네

꼬꼬뇽~ 꼬꼬뇽

난 용닭

● 말이 물 흐르듯 막힘없이 흘러나오니

가르칠 훈

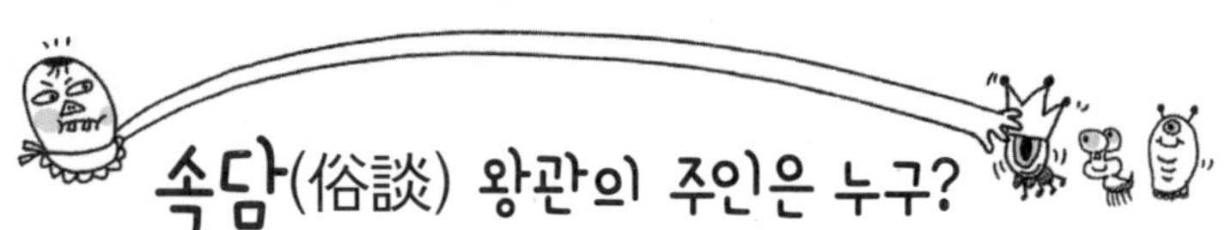

속담(俗談) 왕관의 주인은 누구?

나는 속담왕. 짧은 이야기에 담긴 깨알 지혜를 꿰고 있지.
속담왕 베베~
챙
속담 좀 아나 본데?
겨루자
너부터 시작해.
속담 열공!

용닭 먹고 오리발 내밀기.
후웩
지금, 안 먹었다고 시치미 떼는 건가요?
엄허나
헉! 우리 차례다

정말 배꼽이 더 크잖아. 크하핫.
하하하
옜다, 가져라! 속담 왕관
배보다 배꼽이 크다. 짠!
불룩
툭

• **속담** (俗 풍속 속 + 談 이야기 담) 예로부터 사람들 사이에 전해 오는 지혜가 담긴 짧은 이야기.

• **훈민정음** (訓 가르칠 훈 + 民 백성 민 + 正 바를 정 + 音 소리 음)
백성을 가르치는 바른 소리란 뜻으로, 1443년 세종이 창제한 우리나라 글자를 이르는 말.

어디 한번 따져 볼까

내 생각을 바로 전달하려면 조목조목 따져 볼 필요가 있지.
하나, 둘… 수를 헤아리거나 잘잘못을 가려 낼 때도 말이 중요한 역할을 해.

● 말로 수를 헤아리니

셀 계

計

말

열(수)

따따부따가 왔다! 튀자~

빨리빨리~

하나, 둘, 셋, 넷… 우주 감칠맛의 수가 줄었잖아.

대체 어떤 놈이야?

구구구

999

난 알줘~

우주 감칠맛 따따부따농장

●말과 손으로 따지며 다그치니

- **시계** (時 때 시 + 計 셀 계)
  시간을 헤아려 나타내는 기계.
- **계산** (計 셀 계 + 算 셈 산) 수를 헤아림.

오징어 토벌(討伐) 군단

쳐라!
모두 쓸어버리자.
난 오징어 아닌데…
먹물 공격! 찍~
공격!
어디 있니?
내가 숨을구멍!
토벌되기 전에
어서 도망쳐.
힘으로 못 당해! 후어엉~
숨자

• **토벌** (討 칠 토 + 伐 칠 벌)
무력으로 쳐 없앰.

말싸움도 무서워

원수끼리 마주치면 동네가 시끄러워. 다투는 소리가 새가 우짖듯 소란하기 짝이 없지. 잘못을 가리는 법정에서는 말싸움이 더 심해. 감옥에 가게 될까 봐 한 치도 물러서지 않고 개처럼 으르렁대거든.

새가 우짖듯 시끄럽게 싸우니

원수 수

讎

새

새

말

시끄러워

짹짹짹짹

짹재재잭

짹짹

찍찍찍 찍 찌베베베 찍찍…

원수끼리 행성 끝에서 만났군.

讐(원수 수) 讎는 讐라고 쓰는 경우가 많아. 모양은 좀 다르지만 같은 글자야.

크러렁 캉캉 파바바박

컹 컹 컹

우주법정★ 스페이스 개쉽

감옥에 안 가려고, 죽기 살기로 싸우네.

● 개가 짖어 대듯 사납게 싸우니

감옥 옥

개

원수(怨讎)가 된 도와주잉~ 와 흥!

갑자기 목소리가 안 나오게 된 구구 씨,

말하는 법을 배우기 위해 따따부따를 찾아갔다.

- **원수** (怨 원망할 원 + 讎 원수 수) 원한이 맺힐 정도로 자기에게 해를 끼친 사람이나 집단.
- **복수** (復 갚을 복 + 讎 원수 수) 원수를 갚음.

화끈화끈 불지옥(地獄)

• **지옥** (地 땅 지 + 獄 감옥 옥) 큰 죄를 짓고 죽은 사람들이 가서 끝없이 벌을 받는 곳.

• **감옥** (監 볼 감 + 獄 감옥 옥) 죄인을 가두어 두고 감시하는 곳.

쿵
예끼~
이놈아~

임금님이
부르신다~
뿡 뿡 뿡
수세~ 엑

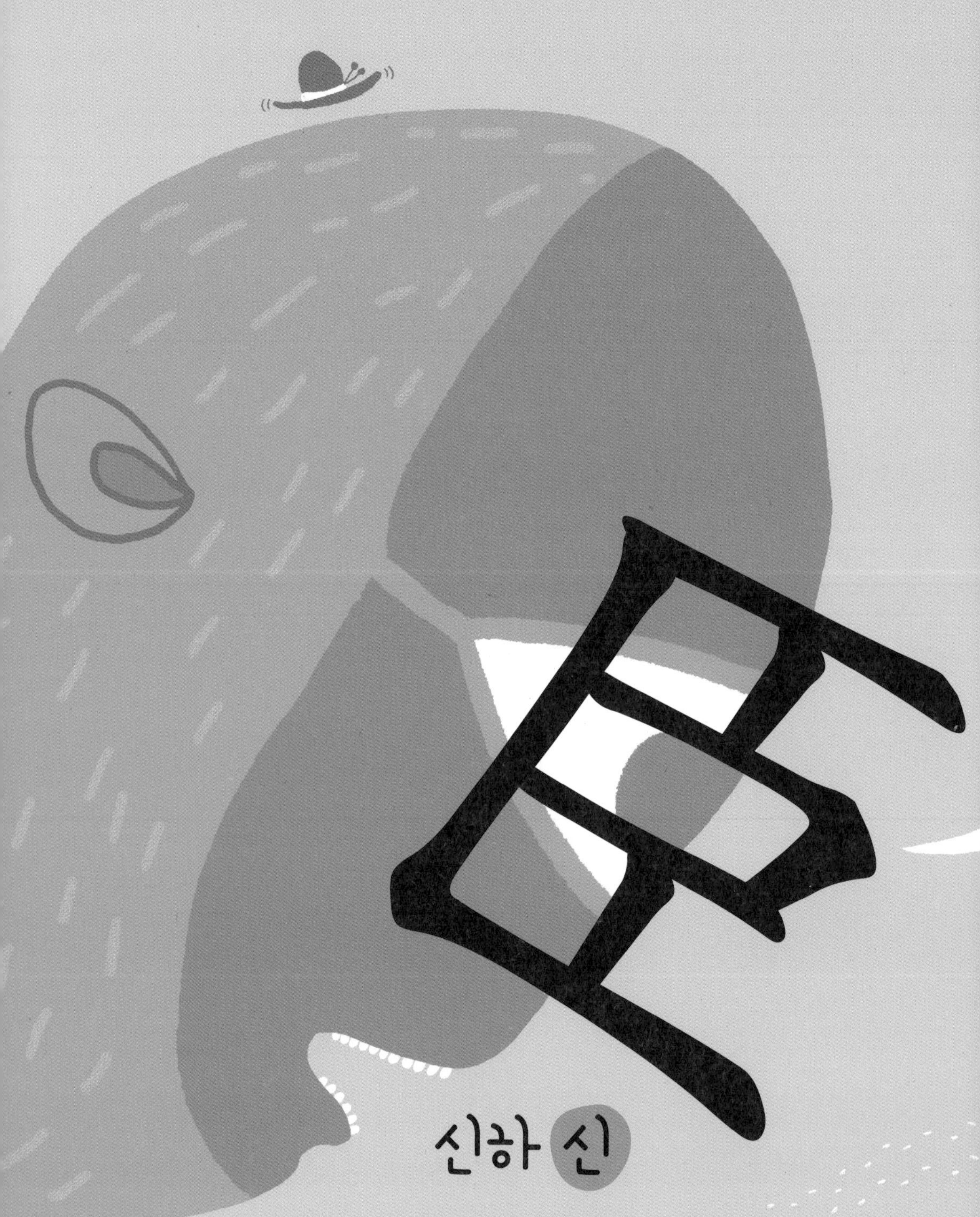
臣
신하 신

전하, 명을 내리시옵소서

臣(신하 신) 자는 임금의 명을 받드는
신하의 눈을 본떠 만들었어.

→ → 臣

눈을 부릅뜨고 집중하는 모습이 보이지?
훌륭한 신하라면 이렇게 임금의 말을 잘 듣고
그 뜻에 따라 백성을 보살펴야 해.
臣(신하 신) 자가 들어간 글자를 보면
옛날 신하의 모습과 하던 일을 잘 알 수 있어.

신하의 눈으로 보면

임금 앞에 선 신하가 머리를 조아리기 때문일까?
신하의 눈을 본뜬 臣(신하 신) 자는 이렇게 고개를 숙이고
가까이에서 무언가를 살피는 '눈'을 뜻해.

임금, 등장 임박!

둥둥둥 세숫물을 준비하시오

• 물건이나 일을 가까이 대하니

임할 림

臨

눈

사람

물건×3

가까이 보니.... 헉! 세숫물이 담긴 황금 대야가 사라졌다.

이런 어처구니 없는 일이...

화가 난다!

충신

과연 꼼꼼이 신하, 매의 눈이다.

챨랑~

헛! 들켰나?

다다다다

• 그릇에 담긴 물에 얼굴을 비추어 보니

볼 감 監

눈

사람

비친 모습

그릇

물에 비친 내 모습을 보니, 귀티 좔좔 무사구나.

와하하핫

찾았다, 대야

뱀!

나도 데려가!

데구르르

넵!

빨리 와!

대야 두고 일단 튀자!

청동을 매끈하게 갈아 거울로 쓰기 시작한 후 청동 거울을 뜻하는 鑑(거울 감) 자가 생겼어. 監(볼 감)에 청동(금속)을 뜻하는 金(쇠 금)을 붙여 만든 새 글자야.

• **임박** (臨 임할 림 + 迫 가까이할 박) 어떤 때가 가까이 닥쳐옴.
• **감시** (監 볼 감 + 視 살필 시) 단속하기 위해 주의 깊게 살펴봄.

감독(監督)님, 저는 무얼 할깝쇼?

• **감독** (監 볼 감 + 督 살필 독)
어떤 일이나 사람이 잘못되지 않게 살피고 지도하는 것. 또는 그런 일을 하는 사람.

좋은 신하의 조건

임금이 나라를 잘 다스리려면 좋은 신하가 있어야 해.
임금의 뜻이 백성들에게 미치려면 신하의 손이 필요하거든.

• 신하가 손으로 땅을 다지니

현명(賢明)한 족장님의 고기 나누기

• **현명** (賢 어질 현 + 明 밝을 명) 어질고 슬기로워 사리에 밝음.

이겨라 견과(堅果)

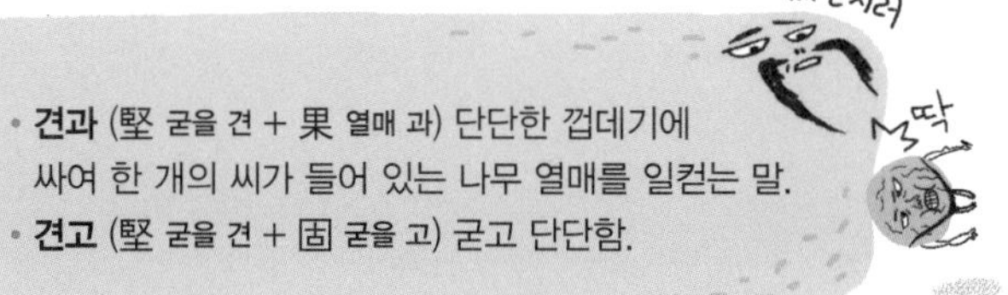

- **견과** (堅 굳을 견 + 果 열매 과) 단단한 껍데기에 싸여 한 개의 씨가 들어 있는 나무 열매를 일컫는 말.
- **견고** (堅 굳을 견 + 固 굳을 고) 굳고 단단함.

쇼가 끝나서 아쉬워?
처음부터 다시 봐~
ㅎ간자툰 놀이터에서 놀까?
암호 기억하지?
나를 찾아봐~
이마!
시끄러

한자툰 놀이터

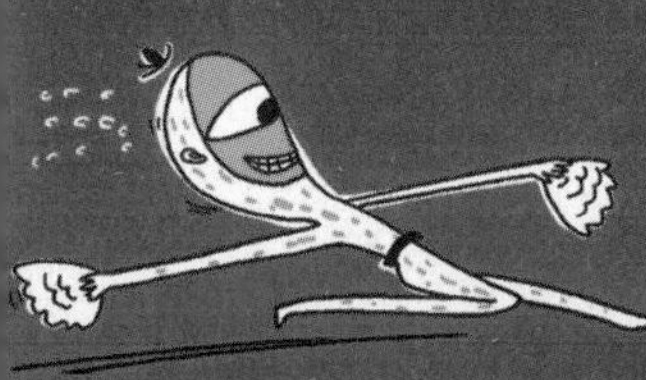

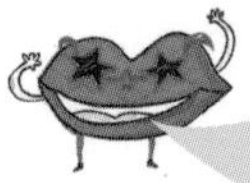

구구 씨와 함께 다리 건너기

구구 씨가 친구를 만나면 어떤 글자가 될까? 다리 건너편에 어울리는 글자를 적어 봐.

글자 보기

哀 嗚 鳴 吐 含 喜 問

喜

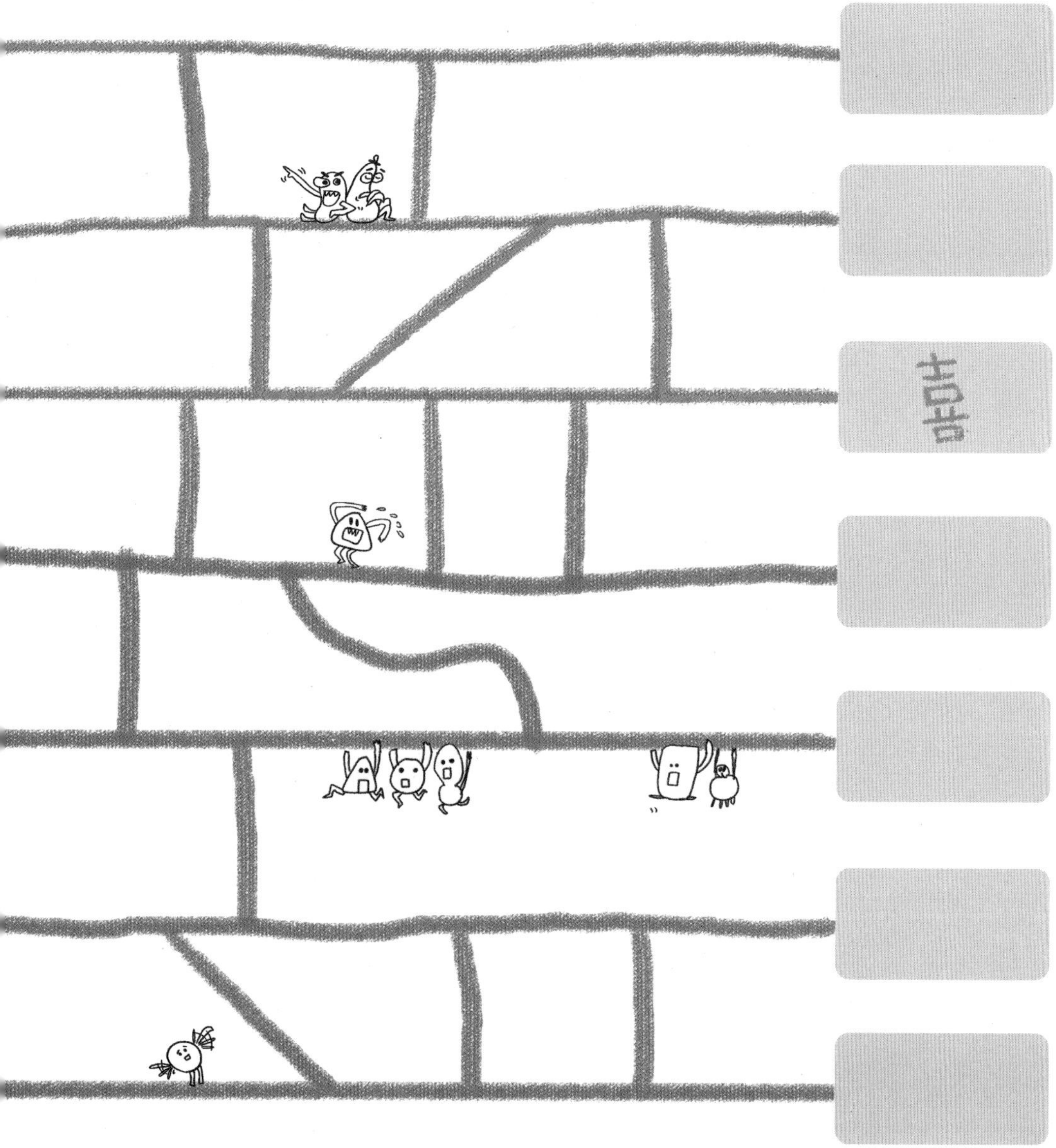

쌍둥이 나무 가꾸기

두 나무가 짝을 이루게 그림과 글자를 맞춰 보자.

그림나무

그림의 번호를 적어.
힌트는 글자 나무!

그림 보기

❶ ❷ ❸ ❹

글자 보기

含 問 喜 哭 哀

행운의 편지, 암호를 풀어라!

숫자 암호가 들어간 행운의 편지 한 통을 받았어. 어떤 글자를 숫자 암호로 표시한 걸까? 오른쪽 암호 해독표에서 글자를 찾아 편지를 읽어 봐!

이 편지를 받은 날 밤 12시,

자 3 종의 알람 소리에 섞여 다른 소리가 들릴 것입니다.

그 소리는 귀 13 입니다.

그 소리는 맛난 음식을 더 이상 먹지 못하는

먹보 귀신의 11 통한 울음입니다.

15 15 낙락 음식을 먹으며 웃는 사람들을 보며

6 열하는 먹보 귀신의 절규입니다.

이 소리를 듣게 되면 맛난 음식을 먹는 즉시 바로 9 하는

먹보 귀신의 심술 맞은 저주에 걸립니다.

여기서 질 18 ! 이 편지를 믿나요? 믿는 분만을 위해

먹보 귀신의 저주를 푸는 방법을 알려 드리지요.

번호에 맞는 글자를 넣어 편지를 크게 읽으세요.

그것으로 저주는 사라지고,

당신에게 행운이 가득하게 될 것입니다.

탁

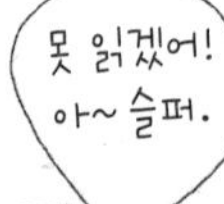

★암호 해독표★

1	2	3	4	5	6	7	8	9	10
口	啓	嗚	含	呼	鳴	吸	啓	吐	訓
11	**12**	**13**	**14**	**15**	**16**	**17**	**18**	**19**	**20**
哀	談	哭	煩	喜	耳	冒	問	臣	賢

줄줄이 그림 낚시

낚싯줄을 따라가며 글자에 들어 있는 그림을 골라 색칠해 봐.

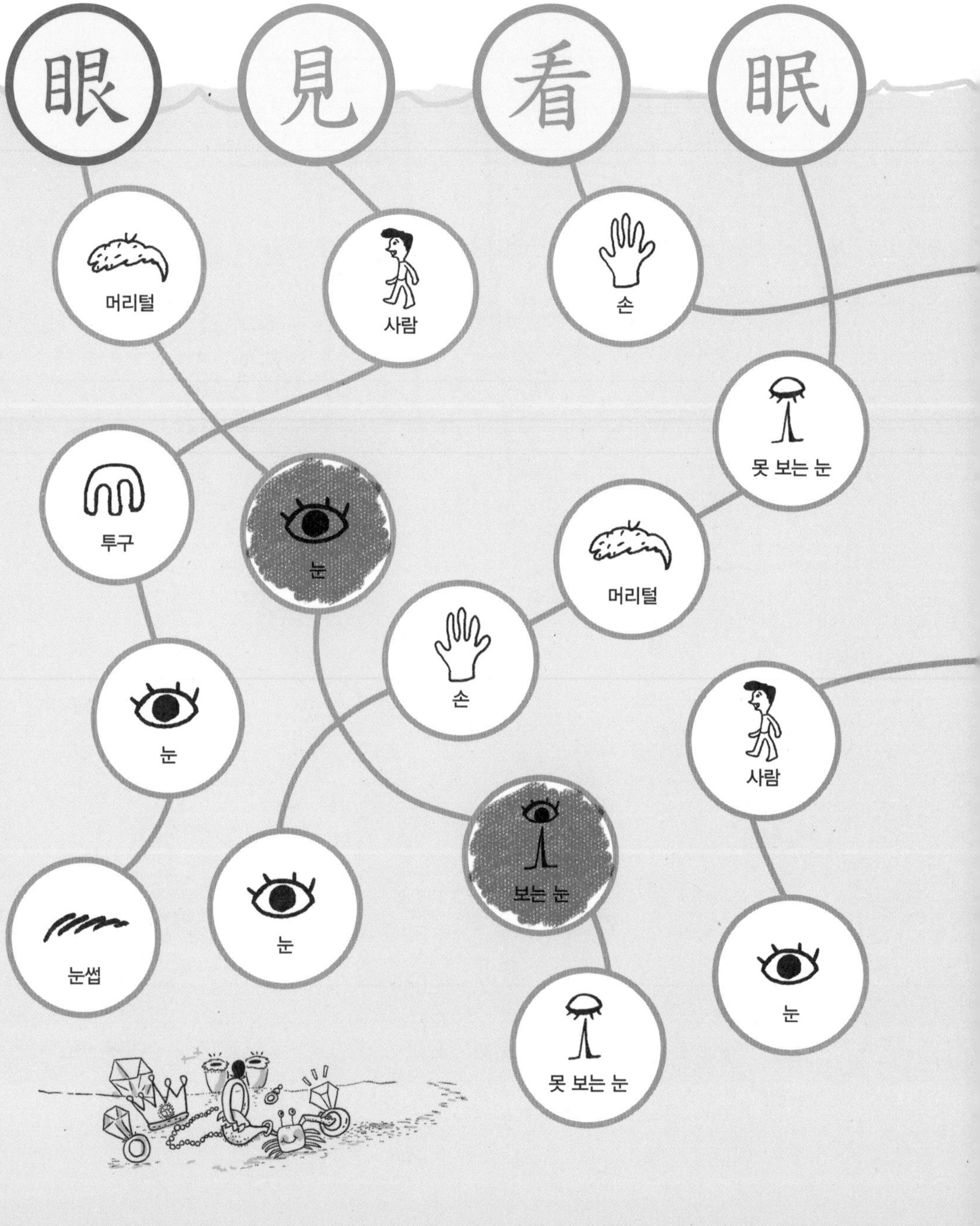

眼 見 看 眠

머리털 사람 손

못 보는 눈

투구 눈 머리털

손

눈 사람

눈썹 눈 보는 눈 눈

못 보는 눈

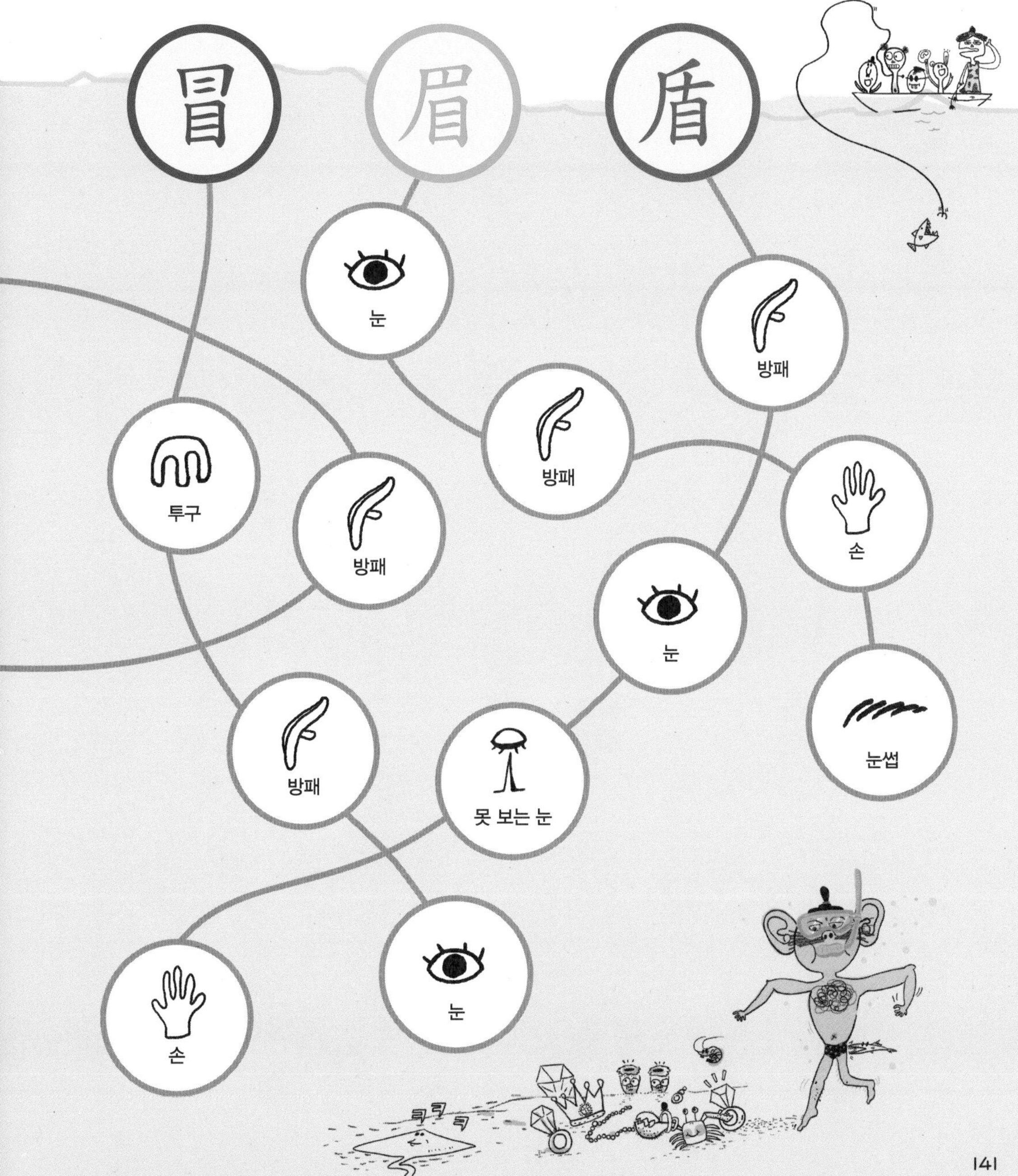
冒
眉
盾
눈
방패
방패
투구
방패
손
눈
눈썹
방패
못 보는 눈
손
눈
ㅋㅋㅋ

앗싸! 빙고

빈칸을 모두 채워야 빙고! 글자 빙고판과 그림 빙고판이 짝을 이루게 보기에서 골라 채워 보자.

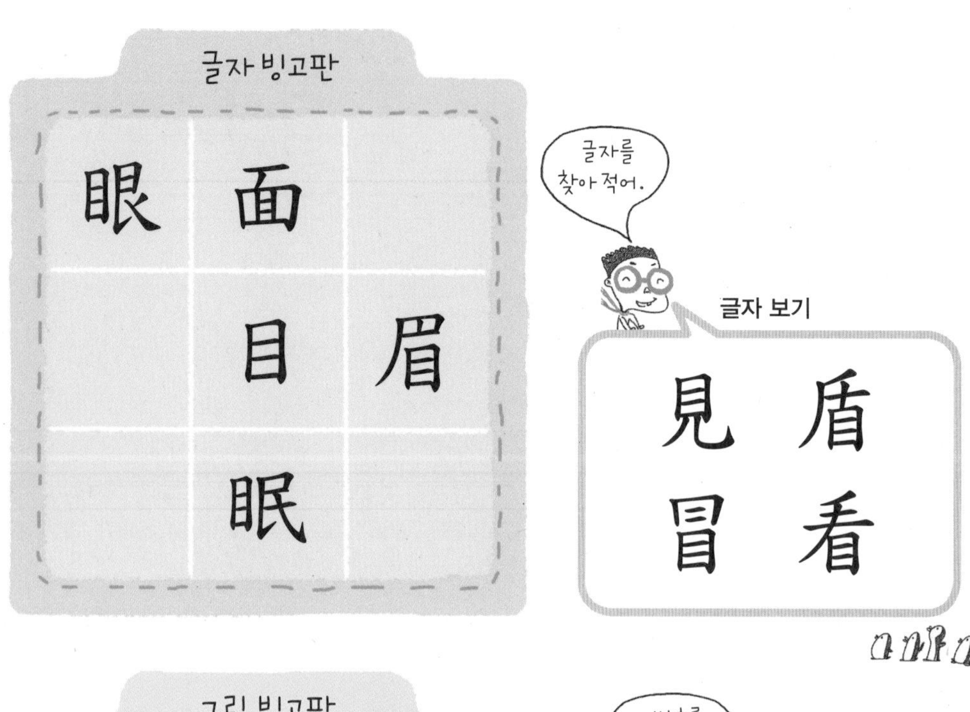

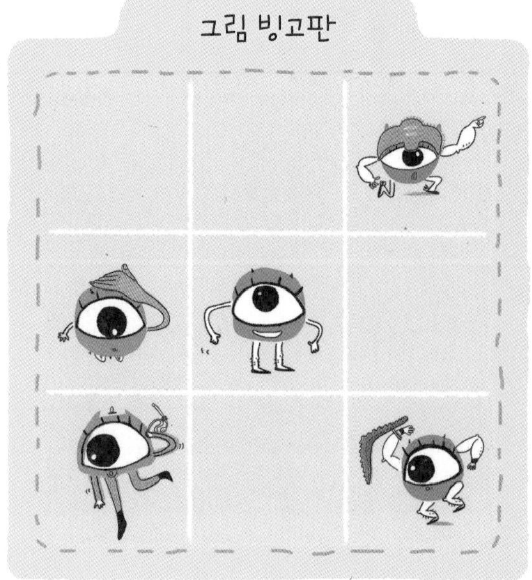

사라진 단어를 찾아서

마법학교 친구에게 밑줄이 들어간 편지 한 통을 받았어.
단어 보기에서 밑줄에 들어갈 단어를 찾아 편지를 읽어 봐.

우리 마법학교 교장 선생님은

직접 눈으로 보고 배우는 ________ 을 중요하게 생각해.

얼마 전에는 쓰기만 하면 원하는 모습으로 얼굴이 바뀌는

마법의 ________ 을 만드는 곳으로 ________ 을 갔어.

그런데 이게 웬일! 엄청난 위험이 우리를 기다리고 있었어.

위험을 무릅쓰는 ________ 을 하게 된 거야.

문을 지키는 괴물이 뿜는 불 때문에 눈이 타는 거 같았어.

얼른 눈을 보호하는 마법의 ________ 을 썼어.

그리고 겨울 내내 쿨쿨 잠만 자는 공주 옆을 지났지.

우리는 ________ 중인 공주가 깨지 않도록 살금살금 걸었어.

드디어 마법의 ________ 을 만드는 곳에 도착했어.

그런데 이곳에서 만들어진 가면이 하나도 없다는 거야.

앞뒤가 맞지 않잖아. 완전 ________ 이야.

단어 보기

白眉 백미	假面 가면	見學 견학	看護 간호
眼鏡 안경	冬眠 동면	冒險 모험	矛盾 모순

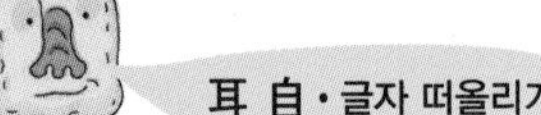

쪼르륵 그림 사다리

사다리를 타고 내려가다 보면 새로운 그림을 만나게 돼.
두 그림이 만나면 어떤 글자가 될까? 사다리 아래에 어울리는 글자를 적어 봐.

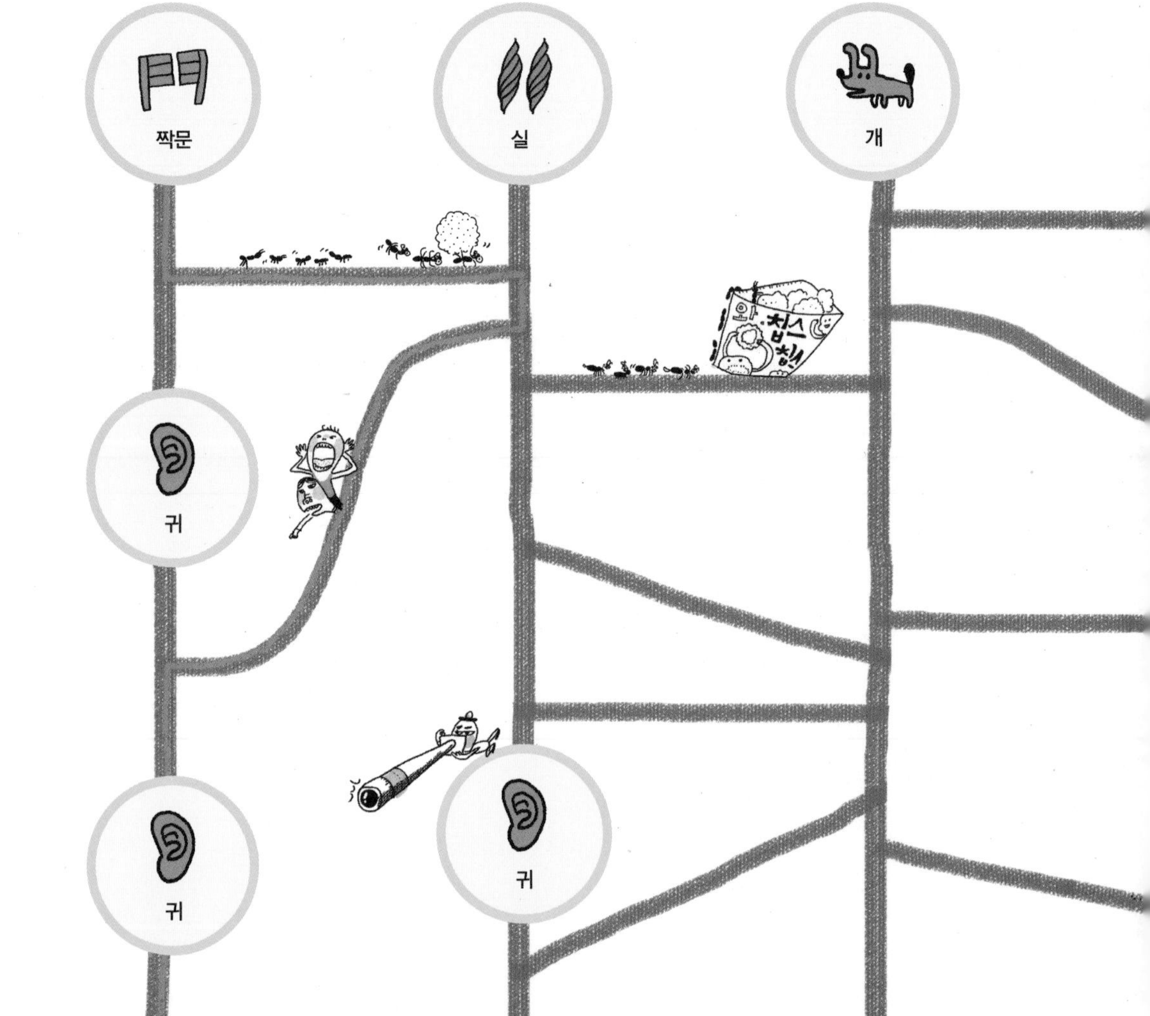

짝문

실

개

귀

귀

귀

글자 보기

聞 聯 臭 首 取 息

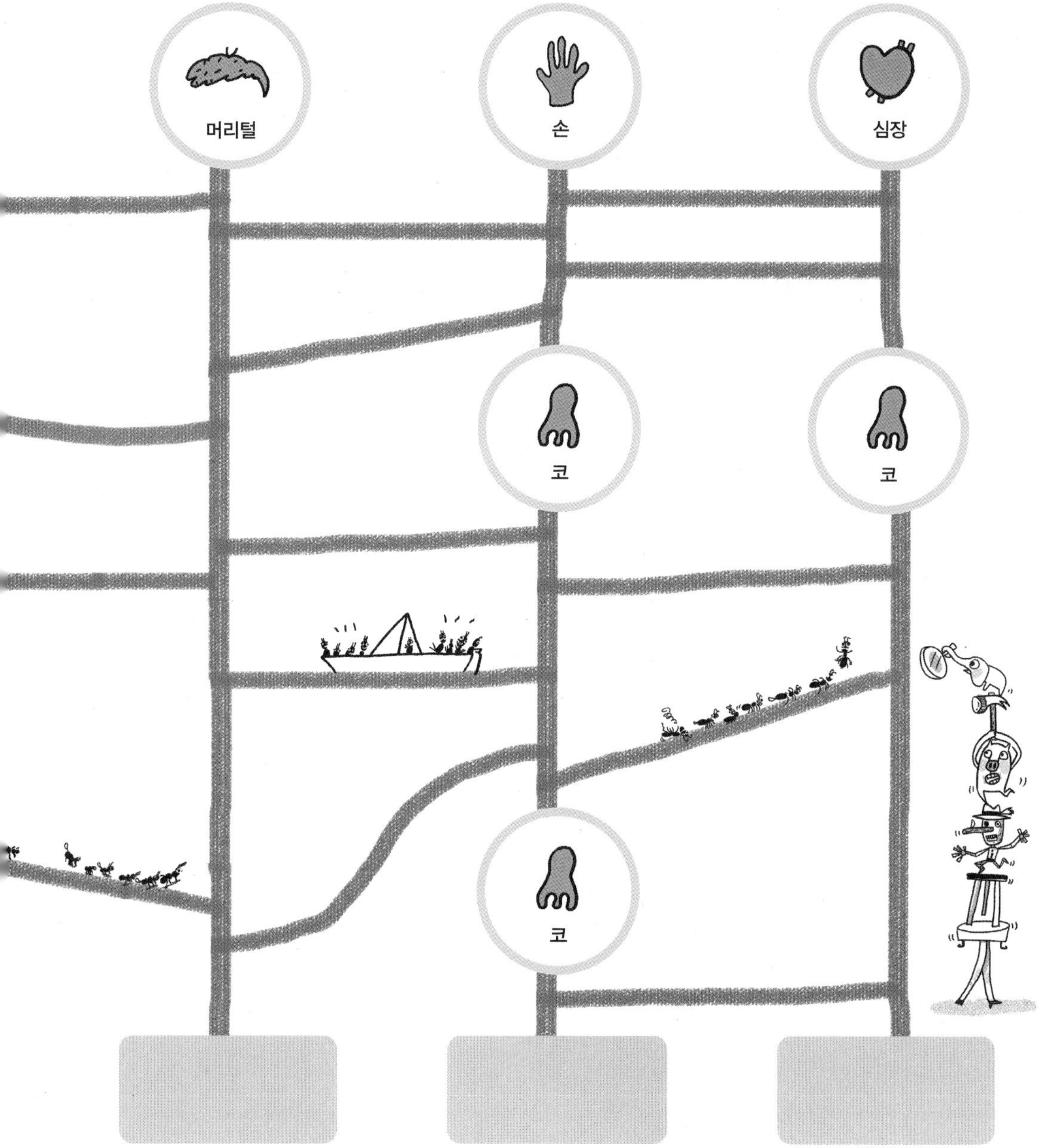

머리털

손

심장

코

코

코

글자야 그림이야?

글자를 그림으로 그린다면? 글자와 어울리는 그림을 선으로 연결해 봐.

聲 •

恥 •

頂 •

最 •

攝 •

• 

• 

• 

• 

• 

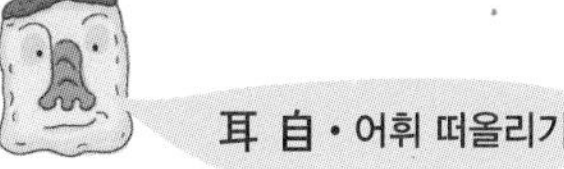

낱말 퍼즐 맞추기

가로 열쇠와 세로 열쇠를 힌트로 낱말 퍼즐을 맞춰 봐.

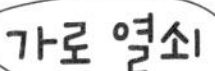

1. 香臭 향기로운 냄새.
3. 歡呼聲 기뻐서 크게 부르짖는 소리.
5. 棲息地 동물이나 식물이 깃들어 사는 곳.
8. 恥事하다 말이나 행동 따위가 쩨쩨하고 남부끄럽다.
9. 包攝 상대를 자기편으로 감싸 끌어들임.
11. 聯想 하나를 보면 그것과 관련 있는 다른 것이 이어져 생각나는 것.

2. 惡臭 나쁜 냄새.
4. 喊聲 여러 사람이 함께 외치는 소리.
6. 窒息 숨이 막힘.
7. 羞恥心 부끄러운 마음.
10. 攝取 양분 따위를 끌어 잡아 가짐.
11. 聯合 같은 목적을 이루기 위하여 둘 이상이 하나로 합침.

추리! 글자를 찾아라

그림들이 모이면 어떤 글자가 만들어질까?
글자 보기에서 빈칸에 어울리는 글자를 찾아 적어 봐.

말 + 열(수)	고기 + 제단 + 손	손 + 고기
詩		
고기 + 짐승 + 불	개 + 말 + 개	말 + 시냇물
신하 + 손 + 땅	말 + 불 x 2(불꽃)	신하 + 손 + 재물

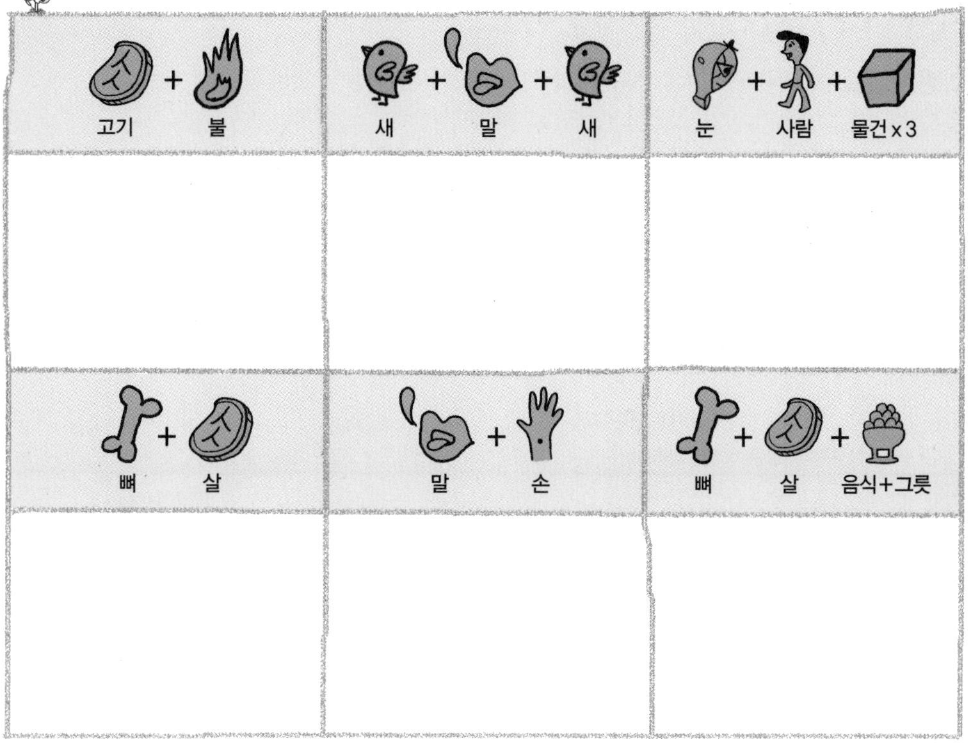

고기 + 불	새 + 말 + 새	눈 + 사람 + 물건 x 3
뼈 + 살	말 + 손	뼈 + 살 + 음식+그릇

글자 보기

有 計 談 臨 炙

獄 堅 討 祭 然

賢 讎 骨 訓 體

변해라, 얍! 변신 사다리

그림에 맞는 글자는 무엇일까? 사다리를 타고 내려가 도착한 자리에 글자를 적어 봐.

有

글자 보기

有 祭 雠 然 談 監 炙 訓

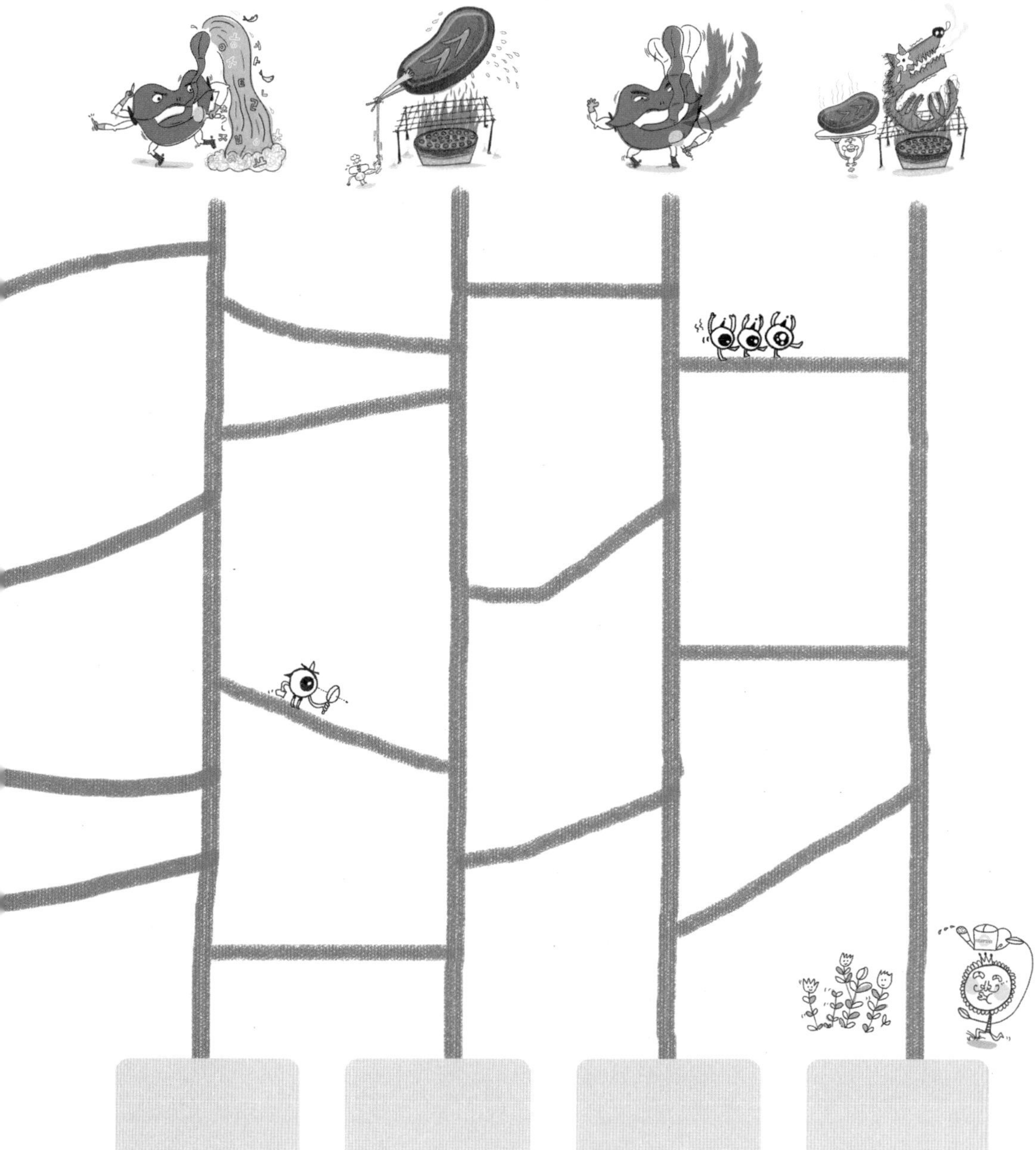

지금 필요한 단어는?

글과 그림에 딱 맞는 한 단어를 단어 보기에서 찾아 적어 봐.

❶ 우주에서 날아온 오징어의 총공격!

답: ______________

❷ 용서할 수 없다. 이제부터 너는 나의....

답: ______________

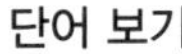

臨迫 임박	計算 계산	偶然 우연	怨讎 원수
討伐 토벌	體力 체력	骸骨 해골	自然 자연

③ 파도에 휩쓸려 이상한 섬에 도착한 걸리버!

답: ____________________

④ D-데이가 코앞에!

답: ____________________

한자툰 놀이터 정답

p134~135

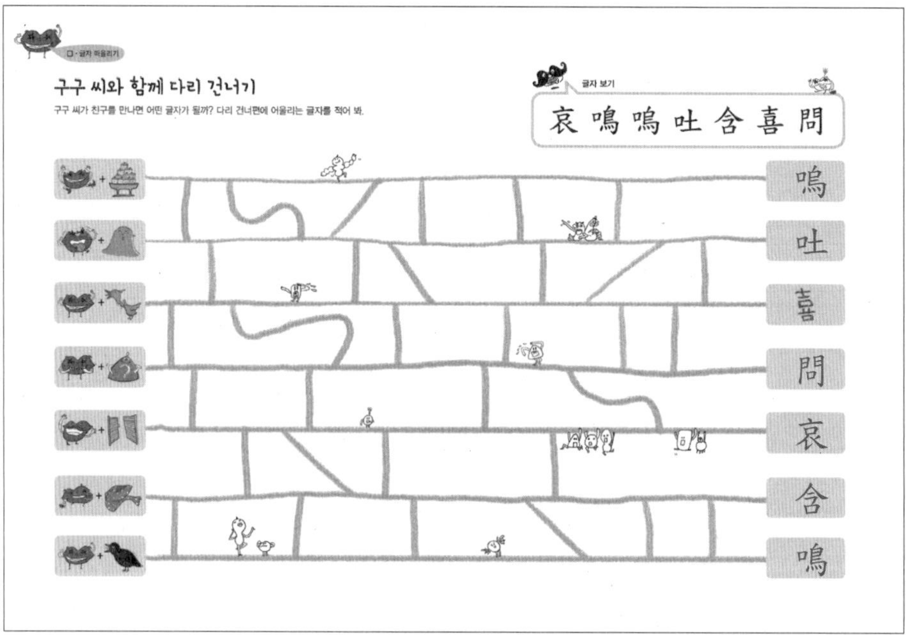

p136~137

p138~139

3 명, 13 곡, 11 애,

15 희, 15 희, 6 오,

9 토, 18 문

p140~141

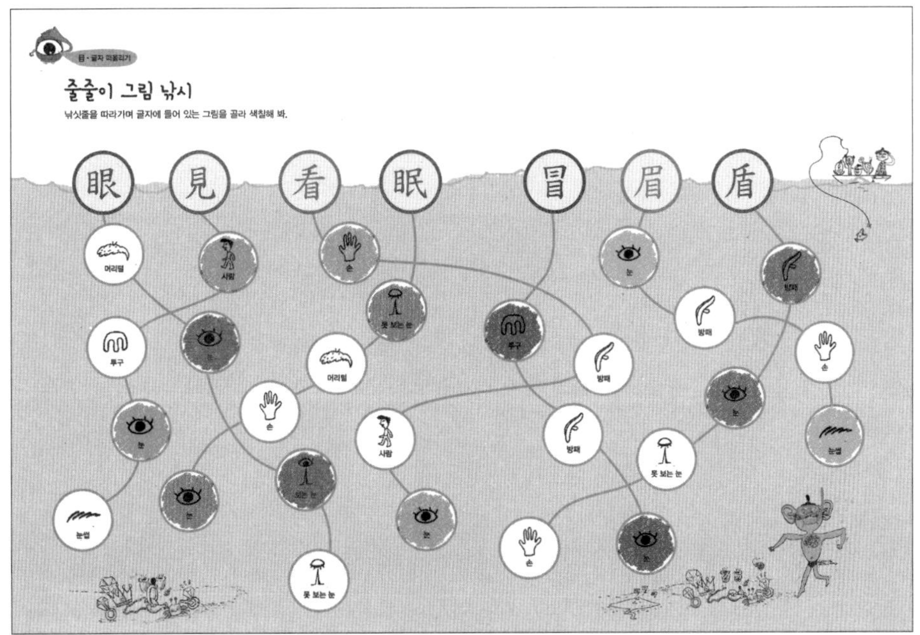

p142

p143

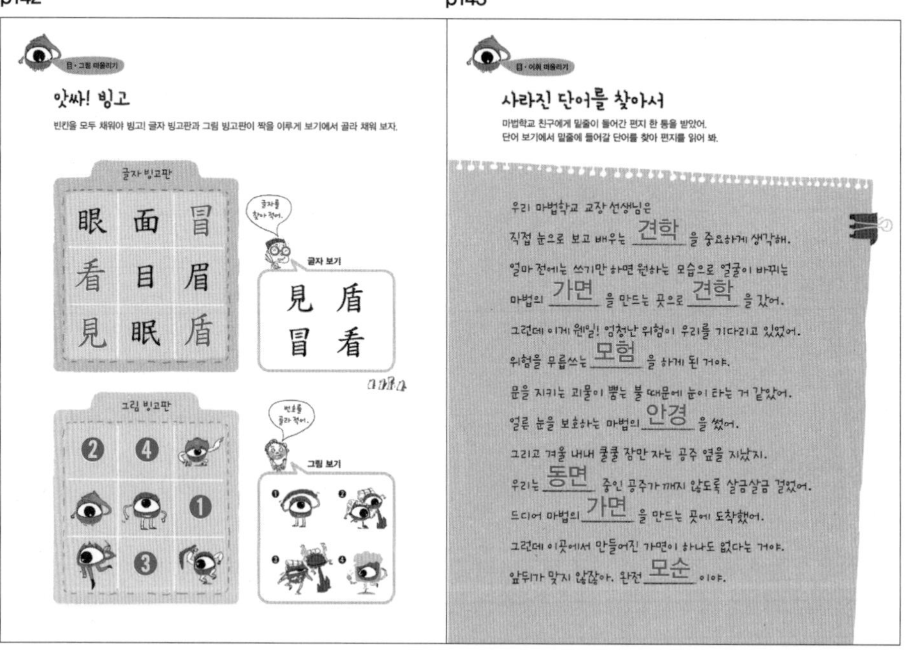

p144~145

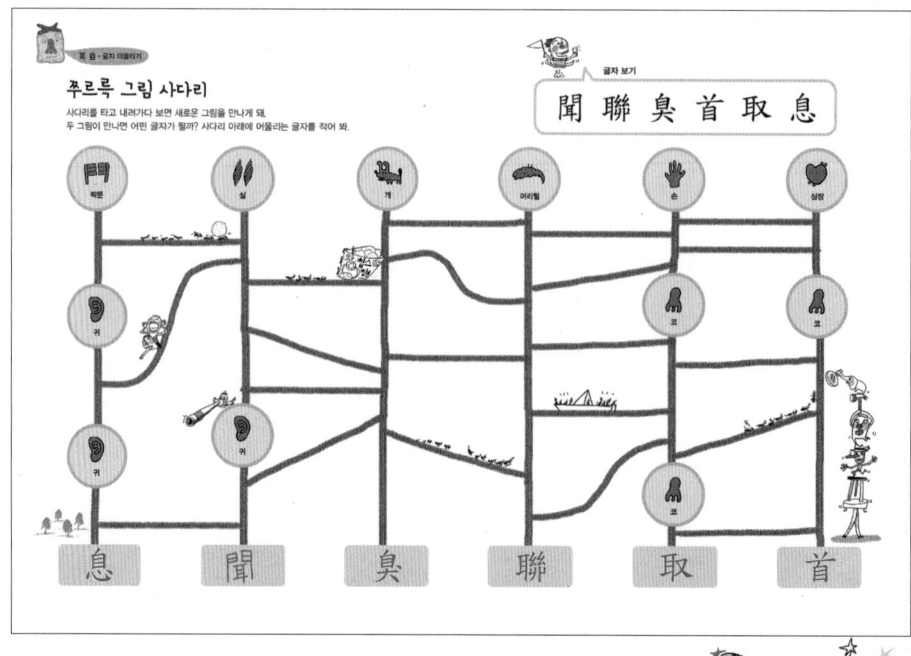

p146

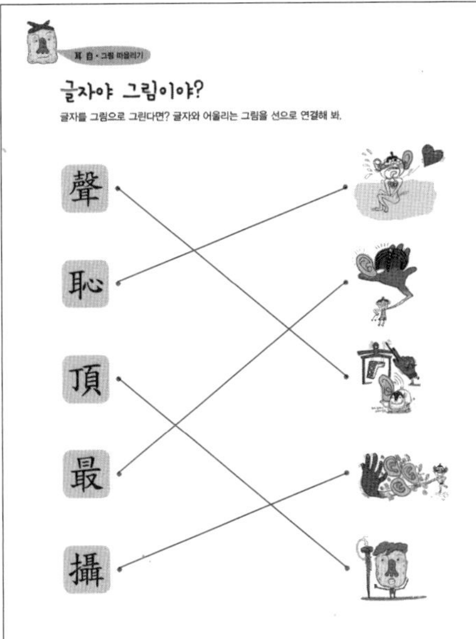

p147

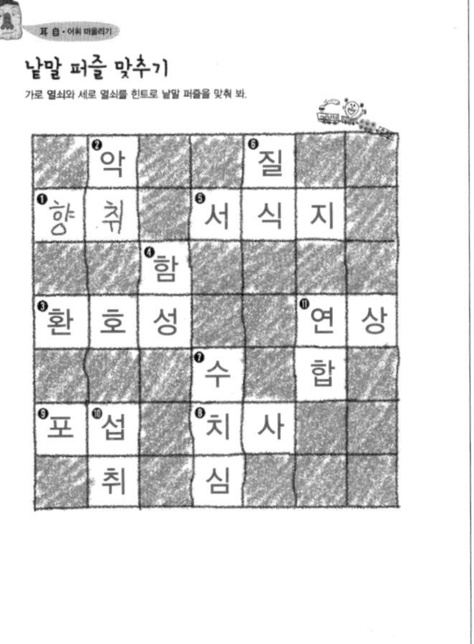

p148~149

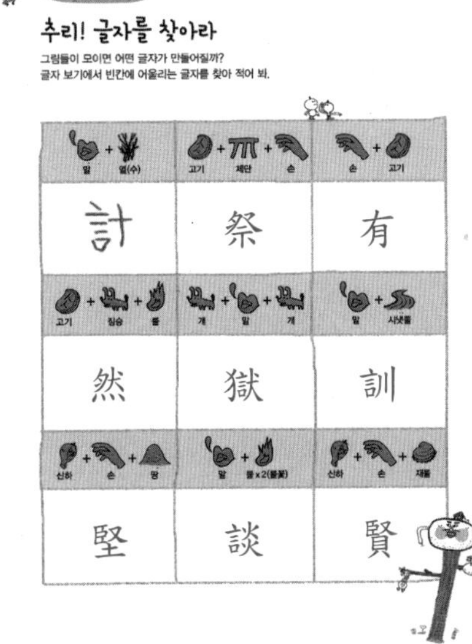

말 + 열(十)	고기 + 제단 + 손	손 + 고기
計	祭	有
고기 + 짐승 + 불	개 + 말 + 개	말 + 시냇물
然	獄	訓
신하 + 손 + 땅	말 + 불×2(불꽃)	신하 + 손 + 재물
堅	談	賢

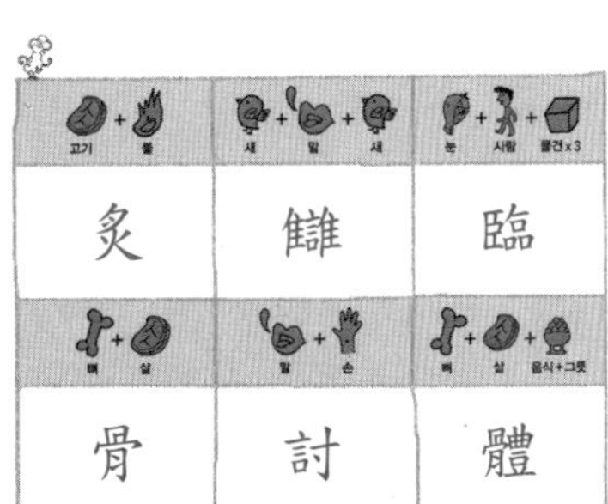

고기 + 불	새 + 말 + 새	눈 + 사람 + 물건×3
炙	讎	臨
뼈 + 살	말 + 손	뼈 + 살 + 음식+그릇
骨	討	體

글자 보기

有 計 談 臨 炙
獄 堅 討 祭 然
賢 讎 骨 訓 體

p150~151

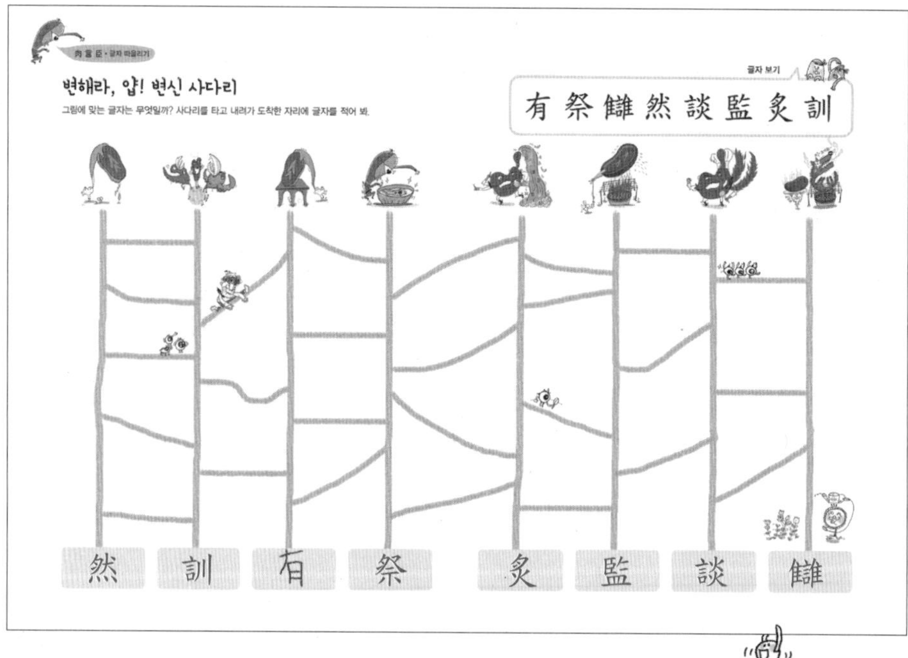

p152~153

❶ 토벌, ❷ 원수, ❸ 해골, ❹ 임박

찾아보기